Préface

Illustré, commenté, transformé en film[1], inter-prété jadis par Picasso et naguère par Anselm Kiefer[2], le « chef-d'œuvre » de Balzac est un des tableaux les plus célèbres de l'histoire de l'art. Sa particularité est qu'il n'existe dans aucun musée, dans aucune collection : et pour cause, c'est un livre — et la toile qu'évoque le romancier n'est pas un chef-d'œuvre, c'est une croûte.

La nouvelle se présentait d'abord comme un conte fantastique, bien dans l'esprit des roman-tiques, inspiré par les contes d'Hoffmann. Elle connut tardivement, quand l'histoire de la pein-ture eut enfin rattrapé les intuitions de la littéra-ture, le succès immense qui en fit un mythe.

1. Dans *La Belle Noiseuse*, film de Jacques Rivette de 1991, c'est Bernard Dufour qui joue « la main du peintre », Édouard Frenhofer étant interprété par Michel Piccoli.
2. Anselm Kiefer, *The Unknown Masterpiece*, 1982, aqua-relle, gouache, crayon, New York, The Metropolitan Museum of Art (don de Cynthia Hazen Polsky, en mémoire de son père, Joseph H. Hazen, 2000).

On aime aujourd'hui Le Chef-d'œuvre inconnu, *publié d'abord en 1831, retravaillé par Balzac en 1837 et retouché enfin en 1847, pour d'étranges raisons : parce que ce petit livre — qui a fait pleurer Cézanne — a été illustré par Picasso et a inspiré les commentaires les plus opposés — du texte très classique qu'Ambroise Vollard commanda à Albert Besnard pour servir d'avant-propos à cette fameuse édition où se glissaient les dessins de Picasso*[1] *jusqu'aux analyses contemporaines de Louis Marin ou de Georges Didi-Huberman*[2]. Le Chef-d'œuvre inconnu *se rencontre encore aujourd'hui dans bien des ateliers d'artistes et il est lu dans toutes les écoles des beaux-arts.*

Maurice Blanchot en a résumé l'intrigue avec sobriété : « On sait que dans ce récit un grand peintre, qui est riche, que rien ne presse et qui, danger plus grand, a des idées, s'épuise en retouches qui détruisent son œuvre[3]. » *Blan-*

---

1. Ce texte de 1931, qui ne cite pas Picasso, et considère le « vieux peintre » de Balzac comme un « maniaque », résume la nouvelle comme une variation sur « le mieux est l'ennemi du bien »... On le trouvera intégralement en annexe dans le volume collectif *Autour du* Chef-d'œuvre inconnu *de Balzac*, École nationale supérieure des arts décoratifs, 1985, p. 192-193.
2. Louis Marin, « Des noms et des corps dans la peinture : marginalia au *Chef-d'œuvre inconnu* », dans *Autour du* Chef-d'œuvre inconnu *de Balzac*, *op. cit.*, p. 45-59. – Georges Didi-Huberman, *La Peinture incarnée*, suivi de « *Le Chef-d'œuvre inconnu* par Honoré de Balzac », Éditions de Minuit, 1985.
3. Maurice Blanchot, *Chroniques littéraires du Journal des Débats*, avril 1941-août 1944, textes choisis et établis par

chot suit le sens que Balzac lui-même donne à
son ouvrage : Frenhofer, artiste illuminé, inspiré,
incompris — « Moi, je la vois ! cria-t-il, elle est
merveilleusement belle » (p. 70) — se tue « après
avoir brûlé ses toiles » (p. 71). Le « chef-d'œuvre »
disparaît donc à la dernière page, mais aussi les
autres peintures de cet artiste imaginaire, que le
lecteur a eu pourtant le privilège de « voir » entre
les lignes. D'où vient alors le pouvoir de fascination durable de ce livre, la persistance sur la
rétine de cette image qui n'existe pas ?

Dans le texte, le tableau de Frenhofer est raté et
illisible aux yeux des deux autres peintres devant
qui il consent à le dévoiler, Porbus [sic], c'est-
à-dire François II Pourbus dit le Jeune (vers
1569-1622), et un débutant arrivé de Normandie,
né en 1594, qui se nomme Nicolas Poussin : « il
n'y a rien sur sa toile » (p. 69). Poussin, naïf,
commente ainsi ce que Balzac désigne comme
« le prétendu tableau » : « Je ne vois là que des
couleurs confusément amassées et contenues par
une multitude de lignes bizarres qui forment une
muraille de peinture » (p. 67).

Seul indice d'une lecture « positive » de cette
œuvre qui selon les critères du XVIIᵉ siècle autant
que selon ceux du XIXᵉ est impossible à montrer,
inexposable, invisible — une œuvre qui ressemble
fort à un manuscrit de Balzac, illisible pour les

Christophe Bident, Gallimard, coll. « Cahiers de la NRF »,
2007, p. 576.

pauvres typographes, à force d'ajouts, de ratures et de biffures —, cette étrange « vignette » mise sous les yeux de celui qui ouvre le livre, placée par Balzac artiste en tête du texte, comme c'était la mode dans les livres illustrés de cette époque : juste après la dédicace, cinq lignes de points[1], qui ne sont à vrai dire ni texte ni image, juste du vide, juste du noir, juste du blanc, rien, mais tout déjà :

. . . .
. . . .
. . . .
. . . .
. . . .

Balzac a-t-il, sans le savoir, inventé l'abstraction ? Ce frontispice composé de points ouvre, en suspension, une œuvre non figurative, l'exposition du vide dans l'espace de la page ; elle est pour Balzac un canular renouvelé du Tristram Shandy *de Sterne et pour nous la première page d'un roman de Perec. Comment a-t-il fait ?*

*

L'essentiel de l'intérêt porté au Chef-d'œuvre inconnu *viendrait-il de ce que l'on a voulu y voir une géniale intuition des découvertes picturales du XXᵉ siècle, déguiser hâtivement le vieux Fren-*

---

1. Voir Jean-Claude Lebensztejn, « Cinq lignes de points », dans *Autour du* Chef-d'œuvre inconnu *de Balzac, op. cit.,* p. 149-171.

hofer en Jackson Pollock et faire de Balzac le prophète — en avance et, comme de juste, aveugle à
ses propres fulgurances — de l'abstraction ? Alors
que la peinture en était au romantisme, Balzac a
affirmé le premier, malgré lui et malgré elle, que
« la mission de l'art n'est pas de copier la nature,
mais de l'exprimer » (p. 37), qu'à force de pousser le travail mimétique, l'artiste, « plus poète que
peintre », s'aperçoit qu'à la fin « il n'y a rien sur
sa toile » (p. 69). Rien, c'est-à-dire ni femme ni
ressemblance mais un « chaos de couleurs, de
tons, de nuances indécises, espèce de brouillard
sans forme » (p. 68), où l'artiste seul peut poin-
ter « un pâté de couleur claire » qui est son petit
pan de mur jaune (p. 69). Le primat de la couleur
sur le dessin, l'idée que « la nouveauté est dans
l'esprit qui crée, et non pas dans la nature qui est
peinte[1] », bien sûr, on les trouve dans le Journal
de Delacroix. Mais on n'y voit pas encore, sous
les coups de brosse, les glacis, les rehauts, les
nuits passées au travail, la disparition du sujet.

Le Chef-d'œuvre inconnu a fasciné les peintres.
Émile Bernard raconte comment les larmes mon-
taient aux yeux de Cézanne quand il lui parlait de
Frenhofer : « Quelqu'un par qui il était devancé
dans la vie, mais dont l'âme était prophétique,
l'avait deviné[2]. » Picasso, en 1931, donna à

---

1. Eugène Delacroix, *Journal*, 14 mai 1824, Plon, 1981.
2. Émile Bernard, *Souvenirs sur Paul Cézanne*, Mercure de
France, 1925.

Ambroise Vollard, peut-être à l'initiative de Cendrars, une série d'eaux-fortes et de bois gravés pour servir d'illustrations au texte de Balzac — avant de s'installer lui-même dans la maison où commence le conte, rue des Grands-Augustins, et d'y peindre Guernica. *Animé de ce « don de seconde vue » que, dans* Facino Cane, *il prête aux créateurs, Balzac, méchant collectionneur, assez peu habitué des milieux artistiques de son temps, mais passionné, a fraternisé, à un siècle de distance, avec les plus grands inventeurs.*

Cédant au plaisir facile de détruire un mythe, on peut aisément ne voir là qu'un malentendu. Pour ce faire, il suffit de relire les propos de Frenhofer dans leur contexte de 1830. Expliquer l'« anachronisme » d'une telle œuvre laissera toujours aux larmes de Cézanne, à l'enthousiasme de Picasso, ce qu'ils ont de stupéfiant. Balzac, avant de vouloir faire un conte sur l'art, cherche à plaire au public. Une toile de fond historique, un vieillard arraché aux contes d'Hoffmann, de la « philosophie ». Le Chef-d'œuvre inconnu, *à la confluence des modes littéraires de 1830 (historique, en costumes, fantastique), est déjà prêt à occuper, dans la* Comédie humaine *à venir, sa place au nombre des études consacrées au monde de l'art, avec* Gambara *et* Massimilla Doni, La Vendetta *et* Pierre Grassou *— série inachevée puisque manquent* La Frélore *et* Les Deux Sculpteurs *: Frenhofer rejoindra Cornélius l'avare, Gobseck le richissime et Facino Cane, monomane de l'or — que*

*Géricault eût pu prendre pour modèle —, dans la
galerie des vieux fous et deviendra ainsi l'ancêtre
lointain des jeunes peintres du monde balzacien,
Sommervieux ou Grassou. Dans sa première version, il ne faut pas encore chercher grande philosophie à ce* Conte philosophique. *La philosophie
de Balzac, c'est l'ésotérisme au sens le plus vague,
l'étrange, du Swedenborg rebouilli mélangé aux
divagations de Mme de Krüdener. Frenhofer tient
du mage et de l'alchimiste. Retravaillant son texte
pour sa réédition de 1837, Balzac l'enrichit : les
développements sur l'art prennent plus de place.
Si l'œuvre a vraiment échappé à son auteur, c'est
à ce moment.*

*Balzac qui, faute de moyens, ne succombe
pas encore à ses accès de « bricabracomanie »,
connaît incomparablement moins bien les milieux
artistiques que ceux de la banque ou des études
notariales, moins encore l'histoire de l'art du
XVIIᵉ siècle : or, il choisit Nicolas Poussin comme
héros de sa nouvelle. On a répété, à la suite de
Pierre Laubriet, que les sources historiques de
Balzac pour* Le Chef-d'œuvre inconnu *tenaient
en quelques ouvrages : les* Entretiens *de Félibien
(1666-1668), le* Guide des amateurs de tableaux
pour les écoles allemande, flamande et hollan-
daise *de Gault de Saint-Germain (1818) et surtout les quatre volumes de* La Vie des peintres
flamands, allemands et hollandais *de Descamps
(1753-1763). Laubriet affirme en effet : « [Des-
camps] rapporte l'anecdote de la robe en papier*

*peint que fit Mabuse afin de remplacer une étoffe
vendue pour boire. Seul Descamps rapporte cette
histoire ; Balzac n'a pu la découvrir que là*[1]. »
*C'est oublier que la documentation balzacienne,
vers 1830, est rarement de première main. Le
romancier va vite. Nicole Cazauran a prouvé que,
dans la rédaction du plus « historique » de ses
ouvrages,* Sur Catherine de Médicis, *la source
de loin principale n'est autre que la* Biographie
universelle *de Louis-Gabriel Michaud*[2]. *Balzac en
possède les cinquante-deux volumes, publiés entre
1811 et 1828, dans sa bibliothèque : une comédie humaine — et qui dispense de lire Descamps,
mais aussi Félibien, Baldinucci, Passeri, de Piles,
Dezallier d'Argenville ou Papillon de La Ferté. On
y trouve, sans surprise, l'anecdote du costume en
papier peint, tout ce que Balzac dit de Mabuse,
Poussin et Porbus, et nulle trace d'un Frenhofer
— à moins qu'il ne faille le chercher à l'article
Rembrandt. Balzac, à cette date, ne prétend pas
creuser plus ; en 1849 seulement, il se soucie de
faire venir l'ouvrage de Descamps dans sa retraite
ukrainienne de Berditchev. Si l'on ajoute à ce trésor le pratique* Manuel du peintre et du sculpteur *d'Arsenne publié chez Roret en 1833, a-t-on
épuisé les sources du* Chef-d'œuvre inconnu *?*

1. Pierre Laubriet, *Un catéchisme esthétique*. Le Chef-
d'œuvre inconnu *de Balzac*, Didier, 1961, p. 45.
2. Nicole Cazauran, *Catherine de Médicis et son temps
dans* La Comédie humaine, Genève, Librairie Droz, 1976,
p. 109-111.

Balzac a été marqué par la lecture de Diderot :
*René Guise a mis en lumière maintes pages de
ses écrits esthétiques qui peuvent compter comme
source littéraire du* Chef-d'œuvre inconnu[1].
*Il reste tentant de considérer parallèlement si,
dans l'entourage de Balzac entre 1831 et 1837,
quelques artistes ou critiques n'ont pas pu lui
donner ce sens de la peinture qui perce dans son
conte, notamment dans les pages où il décrit son
peintre « les brosses à la main ». Le beau-frère de
sa sœur Laure, Adolphe Midy, artiste médiocre,
maudit sans génie ? Plutôt un inspirateur de
Pierre Grassou, le « gâcheur de toiles » dans le
court roman qui porte son nom. Théophile Gautier ? Ses idées sur la peinture, la théorie de l'art
pour l'art, ont intéressé Balzac, mais pas au point
de faire de lui le véritable auteur du* Chef-d'œuvre
inconnu. *L'hypothèse, séduisante, n'a pas résisté
aux investigations imparables des balzaciens.*

*Delacroix ? René Guise en doute, à bon
droit : certes, rien ne prouve — même pas vraiment la mention d'une rencontre durant l'hiver
1829-1830 dans le* Journal *du peintre — que
Balzac ait jamais parlé de peinture avec le héros
des* Massacres de Scio. *Pourtant, Delacroix a eu
l'honneur d'une dédicace en 1843 : Balzac, au
fait des modes, qui ne négligeait pas le Salon,
a compris que, dans la galaxie romantique,
ce dandy que l'on dit fils de Talleyrand compte*

---

1. Voir son article « Lire *Le Chef-d'œuvre inconnu* », dans
Autour du Chef-d'œuvre inconnu *de Balzac, op. cit.*

*autant que Hugo, Liszt, Berlioz. Comme Baude-
laire, Balzac a vu la modernité de Delacroix. Il a
dit à Mme Hanska qu'il aurait aimé lui acheter
les* Femmes d'Alger. *Et puis l'on a cette lettre du
peintre à Balzac pour le féliciter de* Louis Lambert : « J'ai été moi-même une espèce de Lambert, moins la profondeur[1]... » Bien sûr, parler
d'influence n'a jamais grand sens, mais la lecture
du* Chef-d'œuvre inconnu *ne peut manquer de
faire surgir des souvenirs dans l'esprit du lecteur
habitué des musées.*

*Ce qui ne signifie pas que Balzac fasse de Delacroix
son Frenhofer. Assimiler la touche de Delacroix, en
particulier entre 1825 et 1840, à ce que Balzac dit
de la technique du vieux maître, reste très hasar-
deux. Dans la nouvelle, il oppose deux manières,
deux écoles : la manière allemande, fondée sur le
primat du dessin, de la ligne — Holbein, Dürer —,
et l'école vénitienne où l'emportent la couleur et
la lumière — Titien, Véronèse, Giorgione —, celle
que Frenhofer, malgré son nom germanique, veut
pousser au plus haut point de perfection. Super-
poser à ce schéma manichéen le combat des classiques et des romantiques peut sembler tentant.
Frenhofer-Delacroix inventerait une peinture où
les chromatismes s'équilibrent, où la touche se
libère et qui, malgré l'incompréhension du classique Poussin et de l'archaïque Porbus, qui ne*

---

1. Eugène Delacroix, *Correspondance générale*, éd. d'André Joubin, Plon, 1935, t. I (1804-1837), p. 343-344.

*voient pas qu'il a raison trop tôt, l'emporterait
au bout du compte. Frenhofer, romantique égaré
dans le* XVIIe *siècle n'a plus qu'à brûler ses toiles
en un bûcher de vanités. Le texte peut-il se lire
ainsi ? Certes, ces figures peintes qui ne prennent
forme que vues de loin, tous ces « rehauts fortement empâtés » (p. 69), peuvent faire penser
à Delacroix. Un Delacroix dans la tradition des
grands maîtres du style enlevé, de Frans Hals, de
Rembrandt, du Fragonard des « figures de fantaisie ». Pour les jeunes peintres de la Restauration,
les dernières œuvres du Titien, les empâtements
de Rembrandt suffisaient à montrer que les réus-
sites d'Ingres et de ses élèves n'étaient pas toute
la peinture. Balzac voyait Titien et Rembrandt au
Louvre et même, malgré tout ce qu'un tel constat
peut avoir de décevant, il lui suffisait de lire à
l'article Rembrandt de la* Biographie *de Michaud
que la touche du maître, « extrêmement fine et
fondue dans quelques parties de ses tableaux [on
pense au pied de* La Belle Noiseuse*] est, le plus
souvent, heurtée, irrégulière, raboteuse […]. On
va jusqu'à prétendre, pour donner une idée de
l'épaisseur de sa couleur, qu'il cherchait plus à
modeler qu'à peindre*[1] *[…]. Aussi avait-il intérêt
à répéter chaque jour qu'on ne devait jamais exa-
miner de près l'ouvrage d'un peintre […]. Autant
sa touche irrégulière perd quelquefois à être
vue de près, autant, à une distance convenable,*

---

1. Balzac fait dire à Frenhofer : « C'est en modelant qu'on
dessine » (p. 48).

elle est d'un effet harmonieux. » *En homme de l'art qui s'adresse à des connaisseurs, Frenhofer commet l'imprudence d'inviter les deux autres à s'approcher. Il les a pourtant avertis :* « *De près, ce travail semble cotonneux et paraît manquer de précision, mais à deux pas, tout se raffermit, s'arrête et se détache ; le corps tourne, les formes deviennent saillantes, l'on sent l'air circuler tout autour* » *(p. 48).*

Le chaos final — la « *muraille de peinture* » *(p. 67) d'où seul un pied émerge — serait dès lors une dérive de ces extravagances, de ces audaces exacerbées. Pourtant, ce fondu des coloris, ce brouillard de lumière, l'illusion de la vie, ce* sfumato *giorgionesque hérité de Léonard, qui l'enchante, c'est chez un néoclassique que Balzac les retrouve : Girodet, dont l'*Endymion, *peint à Rome en 1791, est sans conteste son tableau favori. Les fins glacis de Frenhofer semblent bien en effet on ne peut plus classiques. Ce qu'il dit de sa technique dans son premier entretien ne choquerait pas un élève d'Ingres. De même que le* XVIIe *siècle que Balzac recrée peut évoquer le romantisme sage de Paul Delaroche.*

Peut-on alors envisager une lecture inverse de la précédente ? Frenhofer signerait-il l'impasse dans laquelle se trouvent les davidiens et les ingristes qui, avec leurs touches parfaites, leurs tons fondus et lisses, ne peuvent s'approcher plus près de « *la nature* » *et voient bien qu'ils manquent leur cible ? Leur idéal de beauté pure est aussi périmé que sont désuètes leurs brosses caressantes. À moins que, dans un moment de folie, ils ne brouillent tout, changent de manière, veuillent inventer autre chose qui ne serait ni vénitien ni allemand, ni romantique, ni classique — ni de leur temps.*

On est au cœur du drame. La vraie folie de Frenhofer se dévoile en une phrase : « *Vois comme, par une suite de touches et de rehauts fortement empâtés, je suis parvenu à accrocher la véritable lumière et à la combiner avec la blancheur luisante des tons éclairés ; et comme, par un travail contraire, en effaçant les saillies et le grain de la pâte, j'ai pu, à force de caresser le contour de ma figure noyé dans la demi-teinte, ôter jusqu'à l'idée de dessin* » (p. 69). Il vient d'accomplir une révolution : autour du point-virgule de cette phrase, des mots « par un travail contraire », tout bascule. C'est la folie d'un peintre néoclassique, maître de l'illusionnisme, qui d'un coup s'est mis à adopter la touche des romantiques ; avant de se reprendre, de retravailler, selon les lois de son ancienne technique, ce qu'il venait de faire. Impossible synthèse qui le mène à l'aporie. Il avait appris à faire disparaître le dessin sous une superposition d'infimes couches de vernis, de « jus » successifs, qui, selon le mot d'Ingres, ne « dénoncent pas la main », pour obtenir le modelé vivant : cette technique, il l'applique aux lignes vigoureuses et fortes qu'il vient de laisser sur sa toile, grands coups de pinceau qui donnaient une illusion tout *aussi vaine, mais radicalement différente, de la vie. On n'estompe pas avec des ombres suaves à la Girodet un trait de rouge posé par Delacroix. Du coup, l'échec, dans cette scène de cauchemar où un classique devient romantique et se ravise, c'est celui de toute peinture qui veut imiter le réel, égaler son sujet, ressembler à un modèle.*

Le *Chef-d'œuvre* inconnu *est donc tout sauf un « catéchisme esthétique ». On comprend comment la logique de son temps conduisait le génie de Balzac à se faire visionnaire — et ce que Cézanne, habité du désir de voir prendre chair ses figures peintes, et qui entendait mieux que personne ces pages « techniques », pouvait reconnaître entre ces lignes. Leur conclusion va bien au-delà de l'opposition entre une manière vive et un faire lisse et académique — pas nécessairement irréconciliables si l'on songe, par exemple, à Frans Hals. Elle emporte dans un même échec deux conceptions esthétiques.*

Balzac ignorait sans doute les pages de Vasari où la dernière manière du Titien, « fatta di macchie » (faite de taches), est décrite et certainement le témoignage de Boschini qui, reprenant Palma le Jeune, détaille ainsi la technique du vieux maître véni- tien : « Même les dernières retouches consistaient de temps en temps à frotter du bout des doigts les zones les plus claires pour les rapprocher des demi- tons et à unir une teinte avec l'autre ; d'autres fois il posait aussi avec le doigt une touche d'un ton de rouge clair comme une goutte de sang, qui rehaus- sait l'expression d'un sentiment ; et il amenait ainsi

à la perfection ses figures pleines d'animation. Et
Palma m'assurait qu'à la vérité, dans les finitions,
il peignait davantage avec les doigts qu'avec les pinceaux[1]. » *Lisant aujourd'hui ces textes, devant les
éclats de couleur pure de l'*Écorchement de Mar-
syas *du Titien, le terrible tableau du palais épisco-
pal de Kroměříž, on reconnaît Frenhofer, le vieux
fou qui brûla ses toiles — autant qu'en lisant* Le
Chef-d'œuvre inconnu, *on pense aux tableaux de
Cézanne.*

*Saluer en Balzac un prophète de l'art moderne,
c'est être contraint d'admettre aussitôt que ce fut
malgré lui. « Il est reconnu qu'il [l'artiste] n'est
pas lui-même dans le secret de son intelligence »,
écrit-il, conscient comme toujours de son incons-
cience, en 1830, dans un article de* La Silhouette
*intitulé « Des artistes[2] ». La meilleure preuve en
est qu'il condamne Frenhofer, vieux fou, à l'instant où il touche au sublime. C'est même pour
cet échec que le conte est écrit, il en est la morale,
à l'unisson des autres* Études philosophiques
*dont le propos est de montrer les ravages de la
pensée quand elle passe ses limites. Conclusion
ambiguë. « S'il est devenu fou, c'est à force d'être
savant », disait de Hölderlin le menuisier Zim-*

---

1. Cité par Francesco Valcanover, catalogue de l'exposition *Le Siècle de Titien*, Réunion des musées nationaux, 1993,
p. 603.
2. Balzac, « Des artistes », dans *Œuvres diverses*, t. II, Bibliothèque de la Pléiade, p. 707-720.

mer[1]. *Le point de vue du jeune Nicolas Poussin,* « *peintre en espérance* », *n'est pas encore celui d'un maître : comme le public, il ne comprend pas. Porbus devine, et se tait. Balzac, dans son article* « *Des artistes* », *explique :* « *L'artiste [...] doit paraître déraisonner fort souvent. Là où le public voit du rouge, lui voit bleu.* » *La folie de Frenhofer le rachète et n'est pas, pour Balzac, ce qui le perd. Il n'agit en fou qu'au moment où il brûle ses œuvres.* « *Le génie de l'artiste peut certes être comparé à une difformité du cerveau, à une folie — mais c'est croire que la perle est une infirmité de l'huître*[2]. » *Le véritable Nicolas Poussin, devenu à son tour un vieillard, adopta enfin, dans le frémissement de la dernière peinture qu'il eût achevée,* Le Déluge, *ce flou des lignes et des formes, ce* « *tremblement du temps* » *que Chateaubriand, dans la* Vie de Rancé, *dit tellement admirer.*

Autoportrait du romancier en peintre, Frenhofer est Balzac lui-même qui, édition après édition, retravaille, retranche, superpose les vernis, sait comment « *au moyen de quatre touches et d'un petit glacis bleuâtre* » *il peut* « *faire circuler l'air*[3] » *autour de ses héros. Balzac souvent décrit un paysage comme s'il s'agissait d'un tableau.* « *Pour pouvoir en parler, il faut que l'écrivain,*

1. Cité par Jean-Claude Lebensztejn dans « Cinq lignes de points », *op. cit.*
2. Balzac, « Des artistes », *op. cit.*
3. *Ibid.*

*par un rite initial, transforme d'abord le "réel" en
objet peint (encadré) ; après quoi il peut décrocher
cet objet, le* tirer *de sa peinture : en un mot : le dé-
peindre »,* écrit Roland Barthes[1]*. Balzac pratique,
sans le dire, la transposition d'art. Car un tableau
pour lui recelait un roman. Chateaubriand pensait
bien au Lorrain quand il décrivait la campagne
de Rome pour M. de Fontanes. L'œil de Balzac
est romanesque. Baudelaire, rendant compte de
l'Exposition universelle de 1855, montre avec
humour qu'il a compris la manière dont Balzac
regardait la peinture :*

> On raconte que Balzac (qui n'écouterait avec
> respect toutes les anecdotes, si petites qu'elles
> soient, qui se rapportent à ce grand génie ?),
> se trouvant un jour en face d'un beau tableau,
> un tableau d'hiver, tout mélancolique et chargé
> de frimas, clairsemé de cabanes et de paysans
> chétifs, — après avoir contemplé une maison-
> nette d'où montait une maigre fumée, s'écria :
> « Que c'est beau ! Mais que font-ils dans cette
> cabane ? à quoi pensent-ils, quels sont leurs
> chagrins ? les récoltes ont-elles été bonnes ? *ils
> ont sans doute des échéances à payer ?* »
> Rira qui voudra de M. de Balzac. J'ignore
> quel est le peintre qui a eu l'honneur de faire
> vibrer, conjecturer et s'inquiéter l'âme du grand
> romancier, mais je pense qu'il nous a donné
> ainsi, avec son adorable naïveté, une excellente

1. Roland Barthes, *S/Z*, Éditions du Seuil, coll. « Tel Quel »,
1970, p. 61.

leçon de critique. Il m'arrivera souvent d'apprécier un tableau uniquement par la somme d'idées ou de rêveries qu'il apportera dans mon esprit[1].

*

*Roman de Pygmalion, « le seigneur Pygmalion »
qu'invoque Frenhofer (p. 49),* Le Chef-d'œuvre
inconnu *traite de l'échange entre une créature
et une création. Les spécialistes l'accrocheront
entre* Les Élixirs du Diable *d'Hoffmann,* Le Portrait ovale *de Poe et* Le Portrait de Dorian Gray
*d'Oscar Wilde aux cimaises de la littérature comparée. Thème mythique de l'échange qui règle les
rapports du peintre et de son modèle et permet
de mener jusqu'à la perfection, dans le discours
fabuleux uniquement, la représentation mimétique. L'archétype en est à la fois le sculpteur
d'Ovide à qui Vénus accorde de voir sa statue
devenir femme et l'anecdote rapportée par Pline
l'Ancien, reprise à l'envi par les peintres, d'Apelle
et de Campaspe. Apelle, le premier peintre de la
Grèce, favori d'Alexandre le Grand, faisant le portrait de la favorite du conquérant, s'éprend d'elle :
Alexandre, préférant conserver le chef-d'œuvre impérissable, offre le modèle au peintre. L'être de*

---

1. Baudelaire, « Exposition universelle, 1855 », chap. I,
« Méthode de critique — De l'idée moderne du progrès appliquée aux beaux-arts — Déplacement de la vitalité », dans
Œuvres complètes, t. II, Bibliothèque de la Pléiade, p. 579.

chair se substitue ainsi à la figure fabriquée. Le chef-d'œuvre s'incarne. « Les fruits de l'amour passent vite, ceux de l'art sont immortels », écrit Balzac dans Le Chef-d'œuvre inconnu *(p. 64). Son Poussin échange sa maîtresse — qu'il prête au regard du peintre — contre un coup d'œil à la femme peinte qui possède le vieux Frenhofer. Frenhofer échoue. Mais Balzac a joué à donner au barbouilleur la destinée d'Apelle et le bonheur de Pygmalion.*

Le risque de l'invisibilité qui guette Frenhofer, c'est l'angoisse de l'écrivain qui, trop maître du style des autres, ne peut trouver le sien propre. Frenhofer excelle quand on peut le confondre avec Giorgione ou qu'il parachève les tableaux de Porbus. L'envie de créer du nouveau l'habite autant que Balzac dans sa soupente de la rue de Lesdiguières — à l'époque où, faute d'arriver à écrire, il s'était fait écrivain, de profession. Frenhofer pensait être parvenu à un tel degré de vérité que sa peinture ne se distinguerait pas du réel alentour. En effet, son tableau est « invisible ». Pour Balzac, le risque d'une œuvre trop proche de la réalité qui soit en même temps fantastique et habitée d'idéal, c'est celui de l'illisibilité. Il jugera ainsi, avec une sévère lucidité, Louis Lambert, *qui, précisément pour ces raisons, lui avait tenu à cœur. En 1831, avec le peintre Frenhofer, il avoue cette hantise.*

Mais Balzac est allé bien au-delà. Avec Le Chef-d'œuvre inconnu, *il a peint plus qu'une figure de l'artiste. Pour le jeune Poussin qu'il invente, comme pour tous ses lecteurs, « l'art lui-même, l'art avec ses secrets, ses fougues et ses rêveries » (p. 50), c'est à jamais ce vieillard fou, rencontré dans l'escalier de chez Porbus semblable à un tableau « sans cadre » (p. 32), Frenhofer, toujours prêt à discourir et à masquer ses œuvres les mieux aimées.*

ADRIEN GOETZ

LE CHEF-D'ŒUVRE
INCONNU

À UN LORD[1]

. . . .
. . . .
. . . .
. . . .
. . . .

1845

I

Gillette

Vers la fin de l'année 1612, par une froide matinée de décembre, un jeune homme dont le vêtement était de très mince apparence se promenait devant la porte d'une maison située rue des Grands-Augustins, à Paris[2]. Après avoir assez longtemps marché dans cette rue avec l'irrésolution d'un amant qui n'ose se présenter chez

sa première maîtresse, quelque facile qu'elle
soit, il finit par franchir le seuil de cette porte,
et demanda si maître François Porbus[1] était en
son logis. Sur la réponse affirmative que lui fit
une vieille femme occupée à balayer une salle
basse, le jeune homme monta lentement les
degrés et s'arrêta de marche en marche, comme
quelque courtisan de fraîche date inquiet de
l'accueil que le Roi va lui faire. Quand il parvint en haut de la vis, il demeura pendant un
moment sur le palier, incertain s'il prendrait le
heurtoir grotesque qui ornait la porte de l'atelier
où travaillait sans doute le peintre de Henri IV,
délaissé pour Rubens par Marie de Médicis[2].
Le jeune homme éprouvait cette sensation profonde qui a dû faire vibrer le cœur des grands
artistes, quand, au fort de la jeunesse et de leur
amour pour l'art, ils ont abordé un homme de
génie ou quelque chef-d'œuvre. Il existe dans
tous les sentiments humains une fleur primi-
tive, engendrée par un noble enthousiasme qui
va toujours faiblissant, jusqu'à ce que le bonheur ne soit plus qu'un souvenir et la gloire un
mensonge. Parmi nos émotions fragiles, rien ne
ressemble à l'amour comme la jeune passion
d'un artiste commençant le délicieux supplice
de sa destinée de gloire et de malheur, passion
pleine d'audace et de timidité, de croyances
vagues et de découragements certains. À celui
qui, léger d'argent, qui, adolescent de génie, n'a
pas vivement palpité en se présentant devant un

maître, il manquera toujours une corde dans le
cœur, je ne sais quelle touche de pinceau, un
sentiment dans l'œuvre, une certaine expression
de poésie. Si quelques fanfarons bouffis d'eux-
mêmes croient trop tôt à l'avenir, ils ne sont
gens d'esprit que pour les sots. À ce compte, le
jeune inconnu paraissait avoir un vrai mérite,
si le talent doit se mesurer sur cette timidité
première, sur cette pudeur indéfinissable que
les gens promis à la gloire savent perdre dans
l'exercice de leur art, comme les jolies femmes
perdent la leur dans le manège de la coquetterie. L'habitude du triomphe amoindrit le doute,
et la pudeur est un doute peut-être.

Accablé de misère et surpris en ce moment
de son outrecuidance, le pauvre néophyte ne
serait pas entré chez le peintre auquel nous
devons l'admirable portrait de Henri IV, sans un
secours extraordinaire que lui envoya le hasard.
Un vieillard vint à monter l'escalier. À la bizar-
rerie de son costume, à la magnificence de son
rabat de dentelle, à la prépondérante sécurité
de sa démarche, le jeune homme devina dans ce
personnage ou le protecteur ou l'ami du peintre.
Il se recula sur le palier pour lui faire place, et
l'examina curieusement, espérant trouver en
lui la bonne nature d'un artiste, ou le caractère
serviable des gens qui aiment les arts ; mais il
y avait quelque chose de diabolique dans cette
figure, et surtout ce *je ne sais quoi* qui affriande
les artistes. Imaginez un front chauve, bombé,

proéminent, retombant en saillie sur un petit nez écrasé, retroussé du bout comme celui de Rabelais ou de Socrate ; une bouche rieuse et ridée, un menton court, fièrement relevé, garni d'une barbe grise taillée en pointe ; des yeux vert de mer, ternis en apparence par l'âge, mais qui, par le contraste du blanc nacré dans lequel flottait la prunelle, devaient parfois jeter des regards magnétiques au fort de la colère ou de l'enthousiasme. Le visage était d'ailleurs singulièrement flétri par les fatigues de l'âge, et plus encore par ces pensées qui creusent également l'âme et le corps. Les yeux n'avaient plus de cils, et à peine voyait-on quelques traces de sourcils au-dessus de leurs arcades saillantes. Mettez cette tête sur un corps fluet et débile, entourez-la d'une dentelle étincelante de blancheur et travaillée comme une truelle à poisson, jetez sur le pourpoint noir du vieillard une lourde chaîne d'or, et vous aurez une image imparfaite de ce personnage auquel le jour faible de l'escalier prêtait encore une couleur fantastique. Vous eussiez dit une toile de Rembrand marchant silencieusement et sans cadre dans la noire atmosphère que s'est appropriée ce grand peintre[1]. Il jeta sur le jeune homme un regard empreint de sagacité, frappa trois coups à la porte, et dit à un homme valétudinaire, âgé de quarante ans environ, qui vint ouvrir : « Bonjour, maître. »

Porbus s'inclina respectueusement, il laissa

entrer le jeune homme en le croyant amené par
le vieillard[1] et s'inquiéta d'autant moins de lui
que le néophyte demeura sous le charme que
doivent éprouver les peintres-nés à l'aspect du
premier atelier qu'ils voient et où se révèlent
quelques-uns des procédés matériels de l'art. Un
vitrage ouvert dans la voûte éclairait l'atelier de
maître Porbus. Concentré sur une toile accro-
chée au chevalet, et qui n'était encore touchée
que de trois ou quatre traits blancs[2], le jour
n'atteignait pas jusqu'aux noires profondeurs
des angles de cette vaste pièce ; mais quelques
reflets égarés allumaient dans cette ombre
rousse une paillette argentée au ventre d'une
cuirasse de reître[3] suspendue à la muraille,
rayaient d'un brusque sillon de lumière la cor-
niche sculptée et cirée d'un antique dressoir
chargé de vaisselles curieuses, ou piquaient de
points éclatants la trame grenue de quelques
vieux rideaux de brocart d'or, aux grands plis
cassés, jetés là comme modèles[4]. Des écor-
chés de plâtre, des fragments et des torses de
déesses antiques, amoureusement polis par
les baisers des siècles, jonchaient les tablettes
et les consoles. D'innombrables ébauches, des
études aux trois crayons[5], à la sanguine ou à la
plume, couvraient les murs jusqu'au plafond.
Des boîtes à couleurs, des bouteilles d'huile et
d'essence, des escabeaux renversés ne laissaient
qu'un étroit chemin pour arriver sous l'auréole
que projetait la haute verrière, dont les rayons

tombaient à plein sur la pâle figure de Porbus
et sur le crâne d'ivoire de l'homme singulier[1].
L'attention du jeune homme fut bientôt exclusi-
vement acquise à un tableau qui, par ce temps
de trouble et de révolutions, était déjà devenu
célèbre, et que visitaient quelques-uns de ces
entêtés auxquels on doit la conservation du feu
sacré pendant les jours mauvais. Cette belle
page représentait une *Marie égyptienne* se dis-
posant à payer le passage du bateau. Ce chef-
d'œuvre, destiné à Marie de Médicis, fut vendu
par elle aux jours de sa misère[2].

« Ta sainte me plaît, dit le vieillard à Porbus, et je te la paierais dix écus d'or au-delà du
prix que donne la reine ; mais aller sur ses bri-
sées ?... du diable !

— Vous la trouvez bien ?

— Heu ! heu ! fit le vieillard[3], bien ; oui et
non. Ta bonne femme n'est pas mal troussée,
mais elle ne vit pas. Vous autres, vous croyez
avoir tout fait lorsque vous avez dessiné correctement une figure et mis chaque chose à sa place
d'après les lois de l'anatomie ! Vous coloriez ce
linéament avec un ton de chair fait d'avance sur
votre palette en ayant soin de tenir un côté plus
sombre que l'autre, et parce que vous regardez
de temps en temps une femme nue qui se tient
debout sur une table, vous croyez avoir copié
la nature, vous vous imaginez être des peintres
et avoir dérobé le secret de Dieu !... Prrr ! Il ne
suffit pas pour être un grand poète de savoir à

fond la syntaxe et de ne pas faire de fautes de langue ! Regarde ta sainte, Porbus ? Au premier aspect elle semble admirable, mais au second coup d'œil on s'aperçoit qu'elle est collée au fond de la toile et qu'on ne pourrait pas faire le tour de son corps ; c'est une silhouette qui n'a qu'une seule face, c'est une apparence découpée qui ne saurait se retourner, ni changer de position. Je ne sens pas d'air entre ce bras et le champ du tableau ; l'espace et la profondeur manquent ; cependant tout est bien en perspective, et la dégradation aérienne est exactement observée : mais malgré de si louables efforts, je ne saurais croire que ce beau corps soit animé par le tiède souffle de la vie. Il me semble que si je portais la main sur cette gorge d'une si ferme rondeur, je la trouverais froide comme du marbre ! Non, mon ami, le sang ne court pas sous cette peau d'ivoire, l'existence ne gonfle pas de sa rosée de pourpre les veines fibrilles[1] qui s'entrelacent en réseau sous la transparence ambrée des tempes et de la poitrine. Cette place palpite, mais cette autre est immobile ; la vie et la mort luttent dans chaque morceau : ici c'est une femme, là une statue, plus loin un cadavre. Ta création est incomplète. Tu n'as pu souffler qu'une portion de ton âme à ton œuvre chérie. Le flambeau de Prométhée[2] s'est éteint plus d'une fois dans tes mains, et beaucoup d'endroits de ton tableau n'ont pas été touchés par la flamme céleste.

— Mais pourquoi, mon cher maître ? dit respectueusement Porbus au vieillard, tandis que le jeune homme avait peine à réprimer une forte envie de le battre.

— Ah ! voilà, dit le petit vieillard. Tu as flotté indécis entre les deux systèmes, entre le dessin et la couleur, entre le flegme minutieux, la raideur précise des vieux maîtres allemands et l'ardeur éblouissante, l'heureuse abondance des peintres italiens. Tu as voulu imiter à la fois Hans Holbein et Titien, Albrecht Dürer et Paul Véronèse[1]. Certes c'était là une magnifique ambition ! Mais qu'est-il arrivé ? Tu n'as eu ni le charme sévère de la sécheresse, ni les décevantes magies du clair-obscur. Dans cet endroit, comme un bronze en fusion qui crève son trop faible moule[2], la riche et blonde couleur du Titien a fait éclater le maigre contour d'Albrecht Dürer où tu l'avais coulée. Ailleurs, le linéament a résisté et contenu les magnifiques débordements de la palette vénitienne. Ta figure n'est ni parfaitement dessinée, ni parfaitement peinte, et porte partout les traces de cette malheureuse indécision. Si tu ne te sentais pas assez fort pour fondre ensemble au feu de ton génie les deux manières rivales, il fallait opter franchement entre l'une ou l'autre, afin d'obtenir l'unité qui simule[3] une des conditions de la vie. Tu n'es vrai que dans les milieux, tes contours sont faux, ne s'enveloppent pas et ne promettent rien par-derrière. Il y a de la vérité ici, dit le vieillard en montrant la poitrine de la sainte. — Puis, ici, reprit-il en indiquant le point où sur le tableau finissait l'épaule. — Mais là, fit-il en revenant au milieu de la gorge, tout est faux. N'analysons rien, ce serait faire ton désespoir. »

Le vieillard s'assit sur une escabelle, se tint la tête dans les mains et resta muet.

« Maître, lui dit Porbus, j'ai cependant bien étudié sur le nu cette gorge ; mais, pour notre malheur, il est des effets vrais dans la nature qui ne sont plus probables sur la toile…

— La mission de l'art n'est pas de copier la nature, mais de l'exprimer ! Tu n'es pas un vil copiste, mais un poète[1] ! s'écria vivement le vieillard en interrompant Porbus par un geste despotique. Autrement, un sculpteur serait quitte de tous ses travaux en moulant une femme ! Hé bien, essaie de mouler la main de ta maîtresse et de la poser devant toi, tu trouveras un horrible cadavre sans aucune ressemblance, et tu seras forcé d'aller trouver le ciseau de l'homme qui, sans te la copier exactement, t'en figurera le mouvement et la vie. Nous avons à saisir l'esprit, l'âme, la physionomie des choses et des êtres. Les effets ! les effets ! mais ils sont les accidents de la vie, et non la vie. Une main, puisque j'ai pris cet exemple, une main ne tient pas seulement au corps, elle exprime et continue une pensée qu'il faut saisir et rendre. Ni le peintre, ni le poète, ni le sculpteur ne doivent séparer l'effet de la cause qui sont invinciblement l'un dans l'autre ! La véritable lutte est là. Beaucoup de peintres triomphent instinctivement sans connaître ce thème de l'art. Vous dessinez une femme, mais vous ne la voyez pas ! Ce n'est pas ainsi que l'on parvient à forcer l'arcane de la nature[1]. Votre main reproduit, sans que vous y pensiez, le modèle que vous avez copié chez votre maître[2]. Vous ne descendez pas assez dans l'intimité de la forme, vous ne la poursuivez pas avec assez d'amour et de persévérance dans ses détours et dans ses fuites. La beauté est une chose sévère et difficile qui ne se laisse point atteindre ainsi ; il faut attendre ses heures, l'épier, la presser et l'enlacer étroitement pour la forcer à se rendre. La forme est un Protée bien plus insaisissable et plus fertile en replis que le Protée de la fable[3] ; ce n'est qu'après de longs combats qu'on peut la contraindre à se montrer sous son véritable aspect ; vous autres, vous vous contentez de la première apparence qu'elle vous livre, ou tout au plus de la seconde, ou de la troisième ; ce n'est pas ainsi qu'agissent les victorieux lutteurs ! Ces peintres invaincus ne se laissent pas tromper à tous ces faux-fuyants ; ils persévèrent jusqu'à ce que la nature en soit réduite à se montrer toute nue et dans son véritable esprit[4]. Ainsi a procédé Raphaël, dit le vieillard en ôtant son bonnet de velours noir, pour exprimer le respect que lui inspirait le roi de l'art[5] ; sa grande supériorité vient du sens intime qui, chez lui, semble vouloir briser la forme. La forme est, dans ses

figures, ce qu'elle est chez nous, un truchement
pour se communiquer des idées, des sensations,
une vaste poésie. Toute figure est un monde,
un portrait dont le modèle est apparu dans
une vision sublime, teint de lumière, désigné
par une voix intérieure, dépouillé par un doigt
céleste qui a montré, dans le passé de toute une
vie, les sources de l'expression. Vous faites à
vos femmes de belles robes de chair, de belles
draperies de cheveux, mais où est le sang qui
engendre le calme ou la passion et qui cause
des effets particuliers ? Ta sainte est une femme
brune, mais ceci, mon pauvre Porbus, est d'une
blonde ! Vos figures sont alors de pâles fan-
tômes coloriés que vous nous promenez devant
les yeux, et vous appelez cela de la peinture et de
l'art. Parce que vous avez fait quelque chose qui
ressemble plus à une femme qu'à une maison,
vous pensez avoir touché le but, et, tout fiers de
n'être plus obligés d'écrire à côté de vos figures,
currus venustus ou *pulcher homo*[1], comme les
premiers peintres, vous vous imaginez être des
artistes merveilleux ! Ha ! ha ! vous n'y êtes pas
encore, mes braves compagnons, il vous faudra
user bien des crayons, couvrir bien des toiles
avant d'arriver. Assurément, une femme porte
sa tête de cette manière, elle tient sa jupe ainsi,
ses yeux s'alanguissent et se fondent avec cet
air de douceur résignée ; l'ombre palpitante des
cils flotte ainsi sur les joues ! C'est cela, et ce
n'est pas cela. Qu'y manque-t-il ? Un rien, mais

ce rien est tout. Vous avez l'apparence de la vie, mais vous n'exprimez pas son trop-plein qui déborde, ce je ne sais quoi qui est l'âme peut-être et qui flotte nuageusement sur l'enveloppe ; enfin, cette fleur de vie que Titien et Raphaël ont surprise. En partant du point extrême où vous arrivez, on ferait peut-être d'excellente peinture ; mais vous vous lassez trop vite. Le vulgaire admire, et le vrai connaisseur sourit. Ô Mabuse[1] ! ô mon maître ! ajouta ce singulier personnage, tu es un voleur, tu as emporté la vie avec toi ! — À cela près, reprit-il, cette toile vaut mieux que les peintures de ce faquin de Rubens, avec ses montagnes de viandes flamandes[2], saupoudrées de vermillon, ses ondées de chevelures rousses, et son tapage de couleurs. Au moins, avez-vous là couleur, sentiment et dessin, les trois parties essentielles de l'art.

— Mais cette sainte est sublime, bon homme ! s'écria d'une voix forte le jeune homme en sortant d'une rêverie profonde. Ces deux figures, celle de la sainte et celle du batelier, ont une finesse d'intention ignorée des peintres italiens. Je n'en sais pas un seul qui eût inventé l'indécision du batelier.

— Ce petit drôle est-il à vous ? demanda Porbus au vieillard.

— Hélas ! maître, pardonnez à ma hardiesse, répondit le néophyte en rougissant. Je suis inconnu, mais barbouilleur d'instinct, et arrivé depuis peu dans cette ville, source de toute science.

— À l'œuvre ! » lui dit Porbus en lui présentant un crayon rouge et une feuille de papier.

L'inconnu copia lestement la Marie au trait[1].

« Oh ! oh ! s'écria le vieillard. Votre nom ? »

Le jeune homme écrivit au bas *Nicolas Poussin*[2].

« Voilà qui n'est pas mal pour un commençant, dit le singulier personnage qui discourait si follement. Je vois que l'on peut parler peinture devant toi. Je ne te blâme pas d'avoir admiré la sainte de Porbus. C'est un chef-d'œuvre pour tout le monde, et les initiés aux plus intimes arcanes de l'art peuvent seuls découvrir en quoi elle pèche. Mais puisque tu es digne de la leçon, et capable de comprendre, je vais te faire voir combien peu de chose il faudrait pour compléter cette œuvre. Sois tout œil et tout attention, une pareille occasion de t'instruire ne se représentera peut-être jamais. Ta palette, Porbus ? »

Porbus alla chercher palette et pinceaux. Le petit vieillard retroussa ses manches avec un mouvement de brusquerie convulsive, passa son pouce dans la palette diaprée et chargée de tons que Porbus lui tendait ; il lui arracha des mains plutôt qu'il ne les prit une poignée de brosses de toutes dimensions, et sa barbe taillée en pointe se remua soudain par des efforts menaçants qui exprimaient le prurit d'une amoureuse fantaisie[3]. Tout en chargeant son pinceau de couleur, il grommelait entre ses dents : « Voici des tons bons à jeter par la fenêtre avec celui qui les a composés, ils sont d'une crudité et d'une fausseté révoltantes ; comment peindre avec cela ? » Puis il trempait avec une vivacité fébrile la pointe de la brosse dans les différents tas de couleurs dont il parcourait quelquefois la gamme entière plus rapidement qu'un organiste de cathédrale ne parcourt l'étendue de son clavier à l'*O Filii* de Pâques[1].

Porbus et Poussin se tenaient immobiles chacun d'un côté de la toile, plongés dans la plus véhémente contemplation.

« Vois-tu, jeune homme, disait le vieillard sans se détourner, vois-tu comme au moyen de trois ou quatre touches et d'un petit glacis bleuâtre, on pouvait faire circuler l'air autour de la tête de cette pauvre sainte qui devait étouffer et se sentir prise dans cette atmosphère épaisse ? Regarde comme cette draperie voltige à présent et comme on comprend que la brise la soulève ! Auparavant elle avait l'air d'une toile empesée et soutenue par des épingles[2]. Remarques-tu comme le luisant satiné que je viens de poser sur la poitrine rend bien la grasse souplesse d'une peau de jeune fille, et comme le ton mélangé de brun rouge et d'ocre calciné réchauffe la grise froideur de cette grande ombre où le sang se figeait au lieu de courir[3]. Jeune homme, jeune homme, ce que je te montre là, aucun maître ne pourrait te l'enseigner. Mabuse seul possé-

dait le secret de donner de la vie aux figures.
Mabuse n'a eu qu'un élève, qui est moi[1]. Je n'en
ai pas eu, et je suis vieux ! Tu as assez d'intelligence pour deviner le reste, par ce que je te
laisse entrevoir. »

Tout en parlant, l'étrange vieillard touchait à
toutes les parties du tableau : ici deux coups de
pinceau, là un seul, mais toujours si à propos
qu'on aurait dit une nouvelle peinture, mais une
peinture trempée de lumière. Il travaillait avec
une ardeur si passionnée que la sueur se per-
lait[2] sur son front dépouillé, il allait si rapidement par de petits mouvements si impatients,
si saccadés, que pour le jeune Poussin il semblait qu'il y eût dans le corps de ce bizarre personnage un démon qui agissait par ses mains
en les prenant fantastiquement contre le gré
de l'homme : l'éclat surnaturel de ses yeux,
ses convulsions qui semblaient l'effet d'une
résistance donnaient à cette idée un semblant
de vérité qui devait agir sur une jeune imagination[3]. Il allait disant : « Paf, paf, paf ! voilà
comment cela se beurre, jeune homme ! venez,
mes petites touches, faites-moi roussir ce ton
glacial ! Allons donc ! Pon ! pon ! pon ! » disait-
il en réchauffant les parties où il avait signalé
un défaut de vie, en faisant disparaître par
quelques plaques de couleur les différences de
tempérament, et rétablissant l'unité de ton que
voulait une ardente Égyptienne.

« Vois-tu, petit, il n'y a que le dernier coup de

pinceau qui compte. Porbus en a donné cent, moi, je n'en donne qu'un. Personne ne nous sait gré de ce qui est dessous. Sache bien cela ! »

Enfin ce démon s'arrêta, et se tournant vers Porbus et Poussin muets d'admiration, il leur dit : « Cela ne vaut pas encore ma Catherine Lescault[1], cependant on pourrait mettre son nom au bas d'une pareille œuvre. Oui, je la signerais, ajouta-t-il en se levant pour prendre un miroir dans lequel il la regarda. — Maintenant, allons déjeuner, dit-il. Venez tous deux à mon logis. J'ai du jambon fumé, du bon vin ! Hé ! hé ! malgré le malheur des temps[2], nous causerons peinture ! Nous sommes de force. Voici un petit bonhomme, ajouta-t-il en frappant sur l'épaule de Nicolas Poussin, qui a de la facilité. »

Apercevant alors la piètre casaque du Normand[3], il tira de sa ceinture une bourse de peau, y fouilla, prit deux pièces d'or, et les lui montrant : « J'achète ton dessin, dit-il.

— Prends, dit Porbus à Poussin en le voyant tressaillir et rougir de honte, car il avait la fierté du pauvre. Prends donc, il a dans son escarcelle la rançon de deux rois ! »

Tous trois descendirent de l'atelier et cheminèrent en devisant sur les arts, jusqu'à une belle maison de bois, située près du pont Saint-Michel, et dont les ornements, le heurtoir, les encadrements de croisée, les arabesques émerveillèrent Poussin. Le peintre en espérance se trouva tout à coup dans une salle basse, devant un bon feu, près d'une table chargée de mets appétissants, et par un bonheur inouï, dans la compagnie de deux grands artistes pleins de bonhomie.

« Jeune homme, lui dit Porbus en le voyant ébahi devant un tableau, ne regardez pas trop cette toile, vous tomberiez dans le désespoir. »

C'était l'*Adam* que fit Mabuse pour sortir de prison où ses créanciers le retinrent si long-temps[1]. Cette figure offrait, en effet, une telle puissance de réalité, que Nicolas Poussin commença dès ce moment à comprendre le véritable sens des confuses paroles dites par le vieillard. Celui-ci regardait le tableau d'un air satisfait, mais sans enthousiasme, et semblait dire : « J'ai fait mieux[2] ! »

« Il y a de la vie, dit-il, mon pauvre maître s'y est surpassé ; mais il manquait encore un peu de vérité dans le fond de la toile. L'homme est bien vivant, il se lève et va venir à nous. Mais l'air, le ciel, le vent que nous respirons, voyons et sentons, n'y sont pas. Puis il n'y a encore là qu'un homme ! Or le seul homme qui soit immé-diatement sorti des mains de Dieu, devait avoir quelque chose de divin qui manque. Mabuse le disait lui-même avec dépit quand il n'était pas ivre. »

Poussin regardait alternativement le vieillard et Porbus avec une inquiète curiosité. Il s'approcha de celui-ci comme pour lui demander le nom de leur hôte ; mais le peintre se mit un doigt sur les lèvres d'un air de mystère, et le jeune homme, vivement intéressé, garda le silence, espérant que tôt ou tard quelque mot lui permettrait de deviner le nom de son hôte, dont la richesse et les talents étaient suffisamment attestés par le respect que Porbus lui témoignait, et par les merveilles entassées dans cette salle.

Poussin, voyant sur la sombre boiserie de chêne un magnifique portrait de femme, s'écria : « Quel beau Giorgion[1] !

— Non ! répondit le vieillard, vous voyez un de mes premiers barbouillages.

— Tudieu ! je suis donc chez le dieu de la peinture », dit naïvement le Poussin.

Le vieillard sourit comme un homme familiarisé depuis longtemps avec cet éloge.

« Maître Frenhofer[2] ! dit Porbus, ne sauriez-vous faire venir un peu de votre bon vin du Rhin pour moi ?

— Deux pipes[3], répondit le vieillard. Une pour m'acquitter du plaisir que j'ai eu ce matin en voyant ta jolie pécheresse, et l'autre comme un présent d'amitié.

— Ah ! si je n'étais pas toujours souffrant, reprit Porbus, et si vous vouliez me laisser voir votre *maîtresse*, je pourrais faire quelque peinture haute, large et profonde, où les figures seraient de grandeur naturelle.

— Montrer mon œuvre, s'écria le vieillard tout ému. Non, non, je dois la perfectionner encore[4].

Hier, vers le soir, dit-il, j'ai cru avoir fini. Ses yeux me semblaient humides, sa chair était agitée. Les tresses de ses cheveux remuaient. Elle respirait ! Quoique j'aie trouvé le moyen de réaliser sur une toile plate le relief et la rondeur de la nature, ce matin, au jour, j'ai reconnu mon erreur. Ah ! pour arriver à ce résultat glorieux, j'ai étudié à fond les grands maîtres du coloris, j'ai analysé et soulevé couche par couche les tableaux de Titien, ce roi de la lumière ; j'ai, comme ce peintre souverain, ébauché ma figure dans un ton clair avec une pâte souple et nourrie, car l'ombre n'est qu'un accident, retiens cela, petit. Puis je suis revenu sur mon œuvre, et au moyen de demi-teintes et de glacis dont je diminuais de plus en plus la transparence, j'ai rendu les ombres les plus vigoureuses et jusqu'aux noirs les plus fouillés ; car les ombres des peintres ordinaires sont d'une autre nature que leurs tons éclairés ; c'est du bois, de l'airain, c'est tout ce que vous voudrez, excepté de la chair dans l'ombre. On sent que si leur figure changeait de position, les places ombrées ne se nettoieraient pas et ne deviendraient pas lumineuses. J'ai évité ce défaut où beaucoup d'entre les plus illustres sont tombés, et chez moi la blancheur se révèle sous l'opacité de l'ombre la plus soutenue ! Comme une foule d'ignorants qui s'imaginent dessiner correctement parce qu'ils font un trait soigneusement ébarbé, je n'ai pas marqué sèchement les bords extérieurs de ma figure et fait ressortir jusqu'au moindre détail anatomique, car le corps humain ne finit pas par des lignes. En cela, les sculpteurs peuvent plus approcher de la vérité que nous autres. La nature comporte une suite de rondeurs qui s'enveloppent les unes dans les autres. Rigoureusement parlant, le dessin n'existe pas ! Ne riez pas, jeune homme ! Quelque singulier que vous paraisse ce mot, vous en comprendrez quelque jour les raisons. La ligne est le moyen par lequel l'homme se rend compte de l'effet de la lumière sur les objets ; mais il n'y a pas de lignes dans la nature où tout est plein[1] : c'est en modelant qu'on dessine, c'est-à-dire qu'on détache les choses du milieu où elles sont, la distribution du jour donne seule l'apparence au corps ! Aussi, n'ai-je pas arrêté les linéaments, j'ai répandu sur les contours un nuage de demi-teintes blondes et chaudes qui font que l'on ne saurait précisément poser le doigt sur la place où les contours se rencontrent avec les fonds. De près, ce travail semble cotonneux et paraît manquer de précision, mais à deux pas, tout se raffermit, s'arrête et se détache[2] ; le corps tourne, les formes deviennent saillantes, l'on sent l'air circuler tout autour. Cependant je ne suis pas encore content, j'ai des doutes. Peut-être faudrait-il ne pas dessiner un seul trait, et vaudrait-il mieux attaquer une figure par le milieu en s'attachant d'abord aux saillies les plus éclairées, pour passer ensuite aux portions plus sombres. N'est-ce pas ainsi que procède le soleil, ce divin peintre de l'univers. Oh ! nature, nature ! qui jamais t'a surprise dans tes fuites ! Tenez, le trop de science, de même que l'ignorance, arrive à une négation[1]. Je doute de mon œuvre ! »

Le vieillard fit une pause, puis il reprit : « Voilà dix ans, jeune homme, que je travaille ; mais que sont dix petites années quand il s'agit de lutter avec la nature ? Nous ignorons le temps qu'employa le seigneur Pygmalion pour faire la seule statue qui ait marché[2] ! »

Le vieillard tomba dans une rêverie profonde, et resta les yeux fixes en jouant machinalement avec son couteau.

« Le voilà en conversation avec son *esprit*[3] », dit Porbus à voix basse.

À ce mot, Nicolas Poussin se sentit sous la puissance d'une inexplicable curiosité d'artiste. Ce vieillard aux yeux blancs, attentif et stupide, devenu pour lui plus qu'un homme, lui apparut comme un génie fantasque qui vivait dans une sphère inconnue. Il réveillait mille idées confuses en l'âme. Le phénomène moral de cette espèce de fascination ne peut pas plus se définir qu'on ne peut traduire l'émotion excitée par un chant qui rappelle la patrie au cœur de l'exilé[4]. Le mépris que ce vieil homme affectait d'exprimer pour les plus belles tentatives de l'art, sa richesse, ses manières, les déférences de Porbus pour lui, cette œuvre tenue si longtemps

secrète, œuvre de patience, œuvre de génie sans
doute, s'il fallait en croire la tête de vierge que
le jeune Poussin avait si franchement admi-
rée, et qui belle encore, même près de l'*Adam*
de Mabuse, attestait le faire impérial d'un des
princes de l'art ; tout en ce vieillard allait au-
delà des bornes de la nature humaine[1]. Ce que la
riche imagination de Nicolas Poussin put saisir
de clair et de perceptible en voyant cet être surnaturel, était une complète image de la nature
artiste, de cette nature folle à laquelle tant de
pouvoirs sont confiés, et qui trop souvent en
abuse, emmenant la froide raison, les bourgeois et même quelques amateurs, à travers mille
routes pierreuses, où, pour eux, il n'y a rien ;
tandis que folâtre en ses fantaisies, cette fille
aux ailes blanches y découvre des épopées, des
châteaux, des œuvres d'art. Nature moqueuse et
bonne, féconde et pauvre ! Ainsi, pour l'enthousiaste Poussin, ce vieillard était devenu, par une
transfiguration subite, l'art lui-même, l'art avec
ses secrets, ses fougues et ses rêveries.

« Oui, mon cher Porbus, reprit Frenhofer, il
m'a manqué jusqu'à présent de rencontrer une
femme irréprochable, un corps dont les contours
soient d'une beauté parfaite, et dont la carna-
tion... Mais où est-elle vivante, dit-il en s'interrompant, cette introuvable Vénus des anciens,
si souvent cherchée, et dont nous rencontrons
à peine quelques beautés éparses ? Oh ! pour
voir un moment, une seule fois, la nature divine

complète, l'idéal enfin, je donnerais toute ma fortune, mais j'irai te chercher dans tes limbes, beauté céleste ! Comme Orphée, je descendrai dans l'enfer de l'art pour en ramener la vie[1]. »

« Nous pouvons partir d'ici, dit Porbus à Poussin, il ne nous entend plus, ne nous voit plus !

— Allons à son atelier, répondit le jeune homme émerveillé.

— Oh ! le vieux reître a su en défendre l'entrée. Ses trésors sont trop bien gardés pour que nous puissions y arriver. Je n'ai pas attendu votre avis et votre fantaisie pour tenter l'assaut du mystère.

— Il y a donc un mystère ?

— Oui, répondit Porbus. Le vieux Frenhofer est le seul élève que Mabuse ait voulu faire. Devenu son ami, son sauveur, son père, Frenhofer a sacrifié la plus grande partie de ses trésors à satisfaire les passions de Mabuse ; en échange Mabuse lui a légué le secret du relief, le pouvoir de donner aux figures cette vie extraordinaire, cette fleur de nature, notre désespoir éternel ; mais dont il possédait si bien *le faire*, qu'un jour, ayant vendu et bu le damas à fleurs avec lequel il devait s'habiller à l'entrée de Charles-Quint, il accompagna son maître avec un vêtement de papier peint en damas. L'éclat particulier de l'étoffe portée par Mabuse surprit l'empereur, qui voulant en faire compliment au protecteur du vieil ivrogne, découvrit la supercherie[1]. Frenhofer est un homme passionné pour notre art, qui voit plus haut et plus loin que les autres peintres. Il a profondément médité sur les couleurs, sur la vérité absolue de la ligne ; mais, à force de recherches, il est arrivé à douter de l'objet même de ses recherches. Dans ses moments de désespoir, il prétend que le dessin n'existe pas et qu'on ne peut rendre avec des traits que des figures géométriques ; ce qui est trop absolu, puisque avec le trait et le noir, qui n'est pas une couleur, on peut faire une figure ; ce qui prouve que notre art est, comme la nature, composé d'une infinité d'éléments : le dessin donne un squelette, la couleur est la vie, mais la vie sans le squelette est une chose plus incomplète que le squelette sans la vie. Enfin, il y a quelque chose de plus vrai que tout ceci, c'est que la pratique et l'observation sont tout chez un peintre, et que si le raisonnement et la poésie se querellent avec les brosses, on arrive au doute comme le bonhomme, qui est aussi fou que peintre. Peintre sublime, il a eu le malheur de naître riche, ce qui lui a permis de divaguer. Ne l'imitez pas ! Travaillez ! les peintres ne doivent méditer que les brosses à la main.

— Nous y pénétrerons », s'écria Poussin n'écoutant plus Porbus et ne doutant plus de rien.

Porbus sourit à l'enthousiasme du jeune inconnu, et le quitta en l'invitant à venir le voir.

Nicolas Poussin revint à pas lents vers la rue

de la Harpe, et dépassa sans s'en apercevoir
la modeste hôtellerie où il était logé. Montant
avec une inquiète promptitude son misérable
escalier, il parvint à une chambre haute, située
sous une toiture en colombage, naïve et légère
couverture des maisons du vieux Paris. Près de
l'unique et sombre fenêtre de cette chambre, il
vit une jeune fille qui, au bruit de la porte, se
dressa soudain par un mouvement d'amour ;
elle avait reconnu le peintre à la manière dont
il avait attaqué le loquet.

« Qu'as-tu ? lui dit-elle.

— J'ai, j'ai, s'écria-t-il en étouffant de plaisir,
que je me suis senti peintre ! J'avais douté de
moi jusqu'à présent, mais ce matin j'ai cru en
moi-même ! Je puis être un grand homme ! Va,
Gillette, nous serons riches, heureux ! Il y a de
l'or dans ces pinceaux. »

Mais il se tut soudain. Sa figure grave et
vigoureuse perdit son expression de joie quand
il compara l'immensité de ses espérances à la
médiocrité de ses ressources. Les murs étaient
couverts de simples papiers chargés d'esquisses
au crayon. Il ne possédait pas quatre toiles
propres. Les couleurs avaient alors un haut
prix, et le pauvre gentilhomme[1] voyait sa palette
à peu près nue. Au sein de cette misère, il possédait et ressentait d'incroyables richesses de
cœur, et la surabondance d'un génie dévorant.
Amené à Paris par un gentilhomme de ses amis,
ou peut-être par son propre talent, il y avait ren-

contré soudain une maîtresse, une de ces âmes nobles et généreuses qui viennent souffrir près d'un grand homme, en épousent les misères et s'efforcent de comprendre leurs caprices ; fortes pour la misère et l'amour, comme d'autres sont intrépides à porter le luxe, à faire parader leur insensibilité. Le sourire errant sur les lèvres de Gillette dorait ce grenier et rivalisait avec l'éclat du ciel. Le soleil ne brillait pas toujours, tandis qu'elle était toujours là, recueillie dans sa passion, attachée à son bonheur, à sa souffrance, consolant le génie qui débordait dans l'amour avant de s'emparer de l'art.

« Écoute, Gillette, viens. »

L'obéissante et joyeuse fille sauta sur les genoux du peintre. Elle était toute grâce, toute beauté, jolie comme un printemps, parée de toutes les richesses féminines et les éclairant par le feu d'une belle âme.

« Ô Dieu ! s'écria-t-il, je n'oserai jamais lui dire...

— Un secret ! reprit-elle. Oh ! je veux le savoir. »

Le Poussin resta rêveur.

« Parle donc.

— Gillette ! pauvre cœur aimé !

— Oh ! tu veux quelque chose de moi ?

— Oui.

— Si tu désires que je pose encore devant toi comme l'autre jour, reprit-elle d'un petit air boudeur, je n'y consentirai plus jamais ; car, dans ces moments-là, tes yeux ne me disent plus rien. Tu ne penses plus à moi, et cependant tu me regardes.

— Aimerais-tu mieux me voir copier une autre femme ?

— Peut-être, dit-elle, si elle était bien laide.

— Eh bien, reprit le Poussin d'un ton sérieux, si pour ma gloire à venir, si pour me faire grand peintre, il fallait aller poser chez un autre ?

— Tu veux m'éprouver, dit-elle. Tu sais bien que je n'irais pas. »

Le Poussin pencha sa tête sur sa poitrine comme un homme qui succombe à une joie ou à une douleur trop forte pour son âme.

« Écoute, dit-elle en tirant Poussin par la manche de son pourpoint usé, je t'ai dit, Nick, que je donnerais ma vie pour toi : mais je ne t'ai jamais promis, moi vivante, de renoncer à mon amour.

— Y renoncer ? s'écria Poussin.

— Si je me montrais ainsi à un autre, tu ne m'aimerais plus. Et, moi-même, je me trouverais indigne de toi. Obéir à tes caprices, n'est-ce pas chose naturelle et simple ? Malgré moi, je suis heureuse, et même fière de faire ta chère volonté. Mais pour un autre ! fi donc.

— Pardonne, ma Gillette, dit le peintre en se jetant à ses genoux. J'aime mieux être aimé que glorieux. Pour moi, tu es plus belle que la fortune et les honneurs. Va, jette mes pinceaux, brûle ces esquisses. Je me suis trompé, ma vocation est de t'aimer. Je ne suis pas peintre, je suis amoureux. Périssent et l'art et tous ses secrets ! »

Elle l'admirait, heureuse, charmée ! Elle régnait, elle sentait instinctivement que les arts étaient oubliés pour elle et jetés à ses pieds comme un grain d'encens.

« Ce n'est pourtant qu'un vieillard, reprit Poussin. Il ne pourra voir que la femme en toi[1]. Tu es si parfaite !

— Il faut bien aimer, s'écria-t-elle prête à sacrifier ses scrupules d'amour pour récompenser son amant de tous les sacrifices qu'il lui faisait. Mais, reprit-elle, ce serait me perdre. Ah ! me perdre pour toi. Oui, cela est bien beau ! mais tu m'oublieras. Oh ! quelle mauvaise pensée as-tu donc eue là !

— Je l'ai eue et je t'aime, dit-il avec une sorte de contrition, mais je suis donc un infâme.

— Consultons le père Hardouin ? dit-elle.

— Oh, non ! que ce soit un secret entre nous deux.

— Eh bien, j'irai ; mais ne sois pas là, dit-elle. Reste à la porte, armé de ta dague ; si je crie, entre et tue le peintre. »

Ne voyant plus que son art, le Poussin pressa Gillette dans ses bras[2].

« Il ne m'aime plus ! » pensa Gillette quand elle se trouva seule.

Elle se repentait déjà de sa résolution. Mais elle fut bientôt en proie à une épouvante plus cruelle que son repentir ; elle s'efforça de chasser une pensée affreuse qui s'élevait dans son cœur. Elle croyait aimer déjà moins le peintre en le soupçonnant moins estimable.

II

Catherine Lescault

Trois mois après la rencontre du Poussin et de Porbus, celui-ci vint voir maître Frenhofer. Le vieillard était alors en proie à l'un de ces découragements profonds et spontanés dont la cause est, s'il faut en croire les mathématiciens de la médecine, dans une digestion mauvaise, dans le vent, la chaleur ou quelque empâtement des hypocondres[1] ; et, suivant les spiritualistes, dans l'imperfection de notre nature morale ; le bonhomme s'était purement et simplement fatigué à parachever son mystérieux tableau. Il était languissamment assis dans une vaste chaire de chêne sculpté, garnie de cuir noir, et, sans quitter son attitude mélancolique, il lança sur Porbus le regard d'un homme qui s'était établi dans son ennui.

« Eh bien, maître, lui dit Porbus, l'*outremer* que vous êtes allé chercher à Bruges était-il mauvais ? est-ce que vous n'avez pas su broyer notre nouveau blanc ? votre huile est-elle méchante, ou les pinceaux rétifs ?

— Hélas ! s'écria le vieillard, j'ai cru pendant un moment que mon œuvre était accomplie ; mais je me suis, certes, trompé dans quelques détails, et je ne serai tranquille qu'après avoir éclairci mes doutes. Je me décide à voyager et vais aller en Turquie, en Grèce, en Asie pour y chercher un modèle et comparer mon tableau à diverses natures[1]. Peut-être ai-je là-haut, reprit-il en laissant échapper un sourire de contentement, la nature elle-même. Parfois, j'ai quasi peur qu'un souffle ne me réveille cette femme et qu'elle ne disparaisse. »

Puis il se leva tout à coup, comme pour partir.

« Oh ! oh ! répondit Porbus, j'arrive à temps pour vous éviter la dépense et les fatigues du voyage.

— Comment, demanda Frenhofer étonné.

— Le jeune Poussin est aimé par une femme dont l'incomparable beauté se trouve sans imperfection aucune. Mais, mon cher maître, s'il consent à vous la prêter, au moins faudra-t-il nous laisser voir votre toile. »

Le vieillard resta debout, immobile, dans un état de stupidité parfaite.

« Comment ! s'écria-t-il enfin douloureusement, montrer ma créature, mon épouse ? déchirer le voile dont j'ai chastement couvert mon bonheur ? Mais ce serait une horrible prostitution ! Voilà dix ans que je vis avec cette femme. Elle est à moi, à moi seul. Elle m'aime. Ne m'a-t-elle

pas souri à chaque coup de pinceau que je lui ai
donné ? Elle a une âme, l'âme dont je l'ai douée.
Elle rougirait si d'autres yeux que les miens s'ar-
rêtaient sur elle. La faire voir ! mais quel est le
mari, l'amant assez vil pour conduire sa femme
au déshonneur ? Quand tu fais un tableau pour
la cour, tu n'y mets pas toute ton âme, tu ne
vends aux courtisans que des mannequins coloriés. Ma peinture n'est pas une peinture, c'est
un sentiment, une passion ! Née dans mon atelier, elle doit y rester vierge, et n'en peut sortir que vêtue. La poésie et les femmes ne se
livrent nues qu'à leurs amants ! Possédons-nous
les figures de Raphaël, l'Angélique de l'Arioste,
la Béatrix du Dante[1] ? Non ! nous n'en voyons
que les formes ! Eh bien ! l'œuvre que je tiens
là-haut sous mes verrous est une exception
dans notre art ; ce n'est pas une toile, c'est une
femme ! une femme avec laquelle je pleure, je
ris, je cause et pense. Veux-tu que tout à coup
je quitte un bonheur de dix années comme on
jette un manteau ? Que tout à coup je cesse
d'être père, amant et Dieu ? Cette femme n'est
pas une créature, c'est une création. Vienne
ton jeune homme, je lui donnerai mes trésors,
je lui donnerai des tableaux du Corrège, de
Michel-Ange, du Titien, je baiserai la marque
de ses pas dans la poussière ; mais en faire
mon rival ? honte à moi ! Ha ! ha ! je suis plus
amant encore que je ne suis peintre. Oui, j'aurai
la force de brûler ma Catherine à mon dernier

soupir[1] ; mais lui faire supporter le regard d'un homme, d'un jeune homme, d'un peintre ? non, non ! Je tuerais le lendemain celui qui l'aurait souillée d'un regard ! Je te tuerais à l'instant, toi, mon ami, si tu ne la saluais pas à genoux ! Veux-tu maintenant que je soumette mon idole aux froids regards et aux stupides critiques des imbéciles ? Ah ! l'amour est un mystère ; il n'a de vie qu'au fond des cœurs, et tout est perdu quand un homme dit même à son ami : "Voilà celle que j'aime !" »

Le vieillard semblait être redevenu jeune[2] ; ses yeux avaient de l'éclat et de la vie ; ses joues pâles étaient nuancées d'un rouge vif, et ses mains tremblaient. Porbus, étonné de la violence passionnée avec laquelle ces paroles furent dites, ne savait que répondre à un sentiment aussi neuf que profond. Frenhofer était-il raisonnable ou fou ? Se trouvait-il subjugué par une fantaisie d'artiste, ou les idées qu'il avait exprimées procédaient-elles de ce fanatisme inexprimable, produit en nous par le long enfantement d'une grande œuvre ? Pouvait-on jamais espérer de transiger avec cette passion bizarre ?

En proie à toutes ces pensées, Porbus dit au vieillard : « Mais n'est-ce pas femme pour femme ? Poussin ne livre-t-il pas sa maîtresse à vos regards ?

— Quelle maîtresse, répondit Frenhofer. Elle le trahira tôt ou tard. La mienne me sera toujours fidèle !

— Eh bien ! reprit Porbus, n'en parlons plus. Mais avant que vous trouviez, même en Asie, une femme aussi belle, aussi parfaite, vous mourrez peut-être sans avoir achevé votre tableau.

— Oh ! il est fini, dit Frenhofer. Qui le verrait, croirait apercevoir une femme couchée sur un lit de velours, sous des courtines. Près d'elle un trépied d'or exhale des parfums. Tu serais tenté de prendre le gland des cordons qui retiennent les rideaux, et il te semblerait voir le sein de Catherine[1] rendre le mouvement de sa respiration. Cependant, je voudrais bien être certain...

— Va en Asie », répondit Porbus en apercevant une sorte d'hésitation dans le regard de Frenhofer. Et Porbus fit quelques pas vers la porte de la salle.

En ce moment, Gillette et Nicolas Poussin étaient arrivés près du logis de Frenhofer. Quand la jeune fille fut sur le point d'y entrer, elle quitta le bras du peintre, et se recula comme si elle eut été saisie par quelque soudain pressentiment.

« Mais que viens-je donc faire ici, demanda-t-elle à son amant d'un son de voix profond et en le regardant d'un œil fixe.

— Gillette, je t'ai laissée maîtresse et veux t'obéir en tout. Tu es ma conscience et ma gloire. Reviens au logis, je serai plus heureux, peut-être, que si tu...

— Suis-je à moi quand tu me parles ainsi ?

Oh ! non, je ne suis plus qu'une enfant. — Allons, ajouta-t-elle en paraissant faire un violent effort, si notre amour périt, et si je mets dans mon cœur un long regret, ta célébrité ne sera-t-elle pas le prix de mon obéissance à tes désirs ? Entrons, ce sera vivre encore que d'être toujours comme un souvenir dans ta palette. »

En ouvrant la porte de la maison, les deux amants se rencontrèrent avec Porbus qui, surpris par la beauté de Gillette dont les yeux étaient alors pleins de larmes, la saisit toute tremblante, et l'amenant devant le vieillard : « Tenez, dit-il, ne vaut-elle pas tous les chefs-d'œuvre du monde ? »

Frenhofer tressaillit. Gillette était là, dans l'attitude naïve et simple d'une jeune Géorgienne innocente et peureuse, ravie et présentée par des brigands à quelque marchand d'esclaves[1]. Une pudique rougeur colorait son visage, elle baissait les yeux, ses mains étaient pendantes à ses côtés, ses forces semblaient l'abandonner, et des larmes protestaient contre la violence faite à sa pudeur. En ce moment, Poussin, au désespoir d'avoir sorti ce beau trésor de son grenier, se maudit lui-même. Il devint plus amant qu'artiste[2], et mille scrupules lui torturèrent le cœur quand il vit l'œil rajeuni du vieillard, qui, par une habitude de peintre, déshabilla pour ainsi dire cette jeune fille en en devinant les formes les plus secrètes. Il revint alors à la féroce jalousie du véritable amour.

« Gillette, partons ! » s'écria-t-il.

À cet accent, à ce cri, sa maîtresse joyeuse leva les yeux sur lui, le vit, et courant dans ses bras :

« Ah ! tu m'aimes donc », répondit-elle en fondant en larmes.

Après avoir eu l'énergie de taire sa souffrance, elle manquait de force pour cacher son bonheur.

« Oh ! laissez-la-moi pendant un moment, dit le vieux peintre, et vous la comparerez à ma Catherine. Oui, j'y consens. »

Il y avait encore de l'amour dans le cri de Frenhofer. Il semblait avoir de la coquetterie pour son semblant de femme, et jouir par avance du triomphe que la beauté de sa vierge allait remporter sur celle d'une vraie jeune fille.

« Ne le laissez pas se dédire, s'écria Porbus en frappant sur l'épaule de Poussin. Les fruits de l'amour passent vite, ceux de l'art sont immortels.

— Pour lui, répondit Gillette en regardant attentivement le Poussin et Porbus, ne suis-je donc pas plus qu'une femme[1] ? » Elle leva la tête avec fierté ; mais quand, après avoir jeté un coup d'œil étincelant à Frenhofer, elle vit son amant occupé à contempler de nouveau le portrait qu'il avait pris naguère pour un Giorgion : « Ah ! dit-elle, montons ! Il ne m'a jamais regardée ainsi.

— Vieillard, reprit Poussin tiré de sa méditation par la voix de Gillette, vois cette épée, je la plongerai dans ton cœur au premier mot de plainte que prononcera cette jeune fille, je mettrai le feu à ta maison, et personne n'en sortira. Comprends-tu ? »

Nicolas Poussin était sombre. Sa parole terrible, son attitude, son geste consolèrent Gillette qui lui pardonna presque de la sacrifier à la peinture et à son glorieux avenir. Porbus et Poussin restèrent à la porte de l'atelier, se regardant l'un l'autre en silence. Si, d'abord, le peintre de la Marie égyptienne se permit quelques exclamations : « Ah ! elle se déshabille. Il lui dit de se mettre au jour ! Il la compare ! » bientôt il se tut à l'aspect du Poussin dont le visage était profondément triste ; et quoique les vieux peintres n'aient plus de ces scrupules, si petits en présence de l'art, il les admira tant ils étaient naïfs et jolis. Le jeune homme avait la main sur la garde de sa dague et l'oreille presque collée à la porte. Tous deux, dans l'ombre et debout, ressemblaient ainsi à deux conspirateurs attendant l'heure de frapper un tyran.

« Entrez, entrez, leur dit le vieillard rayonnant de bonheur. Mon œuvre est parfaite, et maintenant je puis la montrer avec orgueil. Jamais peintre, pinceaux, couleurs, toile et lumière ne feront une rivale à *Catherine Lescault* ! »

En proie à une vive curiosité, Porbus et Poussin coururent au milieu d'un vaste atelier couvert de poussière, où tout était en désordre, où ils virent çà et là des tableaux accrochés aux murs[1]. Ils s'arrêtèrent tout d'abord devant une figure de femme de grandeur naturelle, demi-nue, et pour laquelle ils furent saisis d'admiration.

« Oh ! ne vous occupez pas de cela, dit Frenhofer, c'est une toile que j'ai barbouillée pour étudier une pose, ce tableau ne vaut rien. Voilà mes erreurs », reprit-il en leur montrant de ravissantes compositions suspendues aux murs, autour d'eux.

À ces mots, Porbus et Poussin, stupéfaits de ce dédain pour de telles œuvres, cherchèrent le portrait annoncé, sans réussir à l'apercevoir.

« Eh bien ! le voilà ! leur dit le vieillard dont les cheveux étaient en désordre, dont le visage était enflammé par une exaltation surnaturelle, dont les yeux pétillaient, et qui haletait comme un jeune homme ivre d'amour. — Ah ! ah ! s'écria-t-il, vous ne vous attendiez pas à tant de perfection ! Vous êtes devant une femme et vous cherchez un tableau. Il y a tant de profondeur sur cette toile, l'air y est si vrai, que vous ne pouvez plus le distinguer de l'air qui nous environne. Où est l'art ? perdu, disparu ! Voilà les formes mêmes d'une jeune fille. N'ai-je pas bien saisi la couleur, le vif de la ligne qui paraît terminer le corps ? N'est-ce pas le même phénomène que nous présentent les objets qui sont dans l'atmosphère comme les poissons dans l'eau ? Admirez comme les contours

se détachent du fond ? Ne semble-t-il pas que
vous puissiez passer la main sur ce dos ? Aussi,
pendant sept années, ai-je étudié les offets de
l'accouplement du jour et des objets. Et ces cheveux, la lumière ne les inonde-t-elle pas ? Mais
elle a respiré, je crois ! Ce sein, voyez ? Ah ! qui
ne voudrait l'adorer à genoux ? Les chairs pal-
pitent. Elle va se lever, attendez.

— Apercevez-vous quelque chose ? demanda
Poussin à Porbus.

— Non. Et vous ?

— Rien. »

Les deux peintres laissèrent le vieillard à
son extase, regardèrent si la lumière, en tom-
bant d'aplomb sur la toile qu'il leur montrait,
n'en neutralisait pas tous les effets ; ils exami-
nèrent alors la peinture en se mettant à droite,
à gauche, de face, en se baissant et se levant
tour à tour.

« Oui, oui, c'est bien une toile, leur disait Frenhofer en se méprenant sur le but de cet examen
scrupuleux. Tenez, voilà le châssis, le chevalet,
enfin voici mes couleurs, mes pinceaux. » Et il
s'empara d'une brosse qu'il leur présenta par un
mouvement naïf.

« Le vieux lansquenet[1] se joue de nous, dit
Poussin en revenant devant le prétendu tableau.
Je ne vois là que des couleurs confusément amassées et contenues par une multitude de lignes
bizarres qui forment une muraille de peinture.

— Nous nous trompons, voyez », reprit Porbus.

En s'approchant, ils aperçurent dans un coin de la toile le bout d'un pied nu qui sortait de ce chaos de couleurs, de tons, de nuances indécises, espèce de brouillard sans forme ; mais un pied délicieux, un pied vivant ! Ils restèrent pétrifiés d'admiration devant ce fragment échappé à une incroyable, à une lente et progressive destruction. Ce pied apparaissait là comme le torse de quelque Vénus en marbre de Paros qui surgirait parmi les décombres d'une ville incendiée.

« Il y a une femme là-dessous », s'écria Porbus en faisant remarquer à Poussin les diverses couches de couleurs que le vieux peintre avait successivement superposées en croyant perfectionner sa peinture[1].

Les deux peintres se tournèrent spontanément vers Frenhofer, en commençant à s'expliquer, mais vaguement, l'extase dans laquelle il vivait.

« Il est de bonne foi, dit Porbus.

— Oui, mon ami, répondit le vieillard en se réveillant, il faut de la foi, de la foi dans l'art, et vivre pendant longtemps avec son œuvre pour produire une semblable création. Quelques-unes de ces ombres m'ont coûté bien des travaux. Tenez, il y a là sur sa joue, au-dessous des yeux, une légère pénombre qui, si vous l'observez dans la nature, vous paraîtra presque intraduisible. Eh bien, croyez-vous que cet effet ne m'ait pas coûté des peines inouïes à reproduire ? Mais aussi, mon cher Porbus, regarde attentivement mon travail, et tu comprendras mieux ce que je te disais sur la manière[1] de traiter le modelé et les contours, regarde la lumière du sein, et vois comme, par une suite de touches et de *rehauts*[2] fortement empâtés, je suis parvenu à accrocher la véritable lumière et à la combiner avec la blancheur luisante des tons éclairés ; et comme, par un travail contraire, en effaçant les saillies et le grain de la pâte, j'ai pu, à force de caresser le contour de ma figure noyé dans la demi-teinte, ôter jusqu'à l'idée de dessin et de moyens artificiels, et lui donner l'aspect et la rondeur même de la nature[3]. Approchez, vous verrez mieux ce travail. De loin, il disparaît. Tenez ? là il est, je crois, très remarquable. » Et du bout de sa brosse, il désignait aux deux peintres un pâté de couleur claire.

Porbus frappa sur l'épaule du vieillard en se tournant vers Poussin : « Savez-vous que nous voyons en lui un bien grand peintre ? dit-il.

— Il est encore plus poète que peintre[4], répondit gravement Poussin.

— Là, reprit Porbus en touchant la toile, finit notre art sur terre[5].

— Et, de là, il va se perdre dans les cieux, dit Poussin.

— Combien de jouissances sur ce morceau de toile ! » s'écria Porbus.

Le vieillard absorbé ne les écoutait pas, et souriait à cette femme imaginaire.

« Mais, tôt ou tard, il s'apercevra qu'il n'y a rien sur sa toile, s'écria Poussin.

— Rien sur ma toile, dit Frenhofer en regardant tour à tour les deux peintres et son prétendu tableau.

— Qu'avez-vous fait ? » répondit Porbus à Poussin.

Le vieillard saisit avec force le bras du jeune homme et lui dit : « Tu ne vois rien, manant ! maheustre ! bélître ! bardache[1] ! Pourquoi donc es-tu monté ici ? — Mon bon Porbus, reprit-il en se tournant vers le peintre, est-ce que, vous aussi, vous vous joueriez de moi, répondez ? Je suis votre ami, dites, aurais-je donc gâté mon tableau ? »

Porbus, indécis, n'osa rien dire ; mais l'anxiété peinte sur la physionomie blanche du vieillard était si cruelle, qu'il montra la toile en disant : « Voyez ! »

Frenhofer contempla son tableau pendant un moment et chancela.

« Rien, rien ! Et avoir travaillé dix ans. »

Il s'assit et pleura. « Je suis donc un imbécile, un fou ! je n'ai donc ni talent, ni capacité, je ne suis plus qu'un homme riche qui, en marchant, ne fait que marcher[2] ! Je n'aurai donc rien produit ! » Il contempla sa toile à travers ses larmes, il se releva tout à coup avec fierté, jeta sur les deux peintres un regard étincelant.

« Par le sang, par le corps, par la tête du Christ[3], vous êtes des jaloux qui voulez me faire croire qu'elle est gâtée pour me la voler ! Moi, je la vois ! cria-t-il, elle est merveilleusement belle. »

En ce moment, Poussin entendit les pleurs de Gillette, oubliée dans un coin.

« Qu'as-tu, mon ange ? lui demanda le peintre redevenu subitement amoureux.

— Tue-moi ! dit-elle. Je serais une infâme de t'aimer encore, car je te méprise. Tu es ma vie, et tu me fais horreur. Je crois que je te hais déjà[1]. »

Pendant que Poussin écoutait Gillette, Frenhofer recouvrait sa Catherine d'une serge verte, avec la sérieuse tranquillité d'un joaillier qui ferme ses tiroirs en se croyant en compagnie d'adroits larrons[2]. Il jeta sur les deux peintres un regard profondément sournois, plein de mépris et de soupçon, les mit silencieusement à la porte de son atelier, avec une promptitude convulsive. Puis, il leur dit sur le seuil de son logis : « Adieu, mes petits amis. »

Cet adieu les glaça. Le lendemain, Porbus inquiet revint voir Frenhofer, et apprit qu'il était mort dans la nuit, après avoir brûlé ses toiles[3].

Paris, février 1832

DOSSIER

CHRONOLOGIE

BALZAC ET LES ARTS

On n'a pas voulu retracer ici une complète biographie de Balzac, simplement donner, à côté des indispensables repères, une idée chronologique des préoccupations artistiques de l'écrivain — musique exclue — et des livres où, dans *La Comédie humaine*, se rencontrent artistes, œuvres d'art, collectionneurs...

Quand une œuvre est mentionnée sans autre précision, la date est celle de la publication (ou exposition).

1799. *20 mai* : naissance à Tours d'Honoré Balzac, fils de Bernard-François Balzac et d'Anne-Charlotte Sallambier. On connaît deux portraits du père de Balzac, dont un (1822 ?, coll. Lovenjoul, Institut de France, Paris) par Marie-Éléonore Godefroid (1778-1849). C'est peut-être par cette élève de François Gérard qu'Honoré fut admis dans le salon du grand peintre davidien.

David : *L'Enlèvement des Sabines* (Louvre).

1800. Naissance de Laure, sœur et confidente de Balzac (en 1820, elle épousera Eugène Surville dont le beau-frère, Adolphe Midy, « peintre de paysage, de genre et lithographe », a peut-être servi de modèle à Pierre Grassou).

1802. Naissance de Laurence, seconde sœur, qui épousa Armand Michaut de Saint-Pierre de Montzaigle en 1821. Henry (1807-1858), demi-frère de Balzac, fils de Jean de Margonne, le propriétaire de Saché en Touraine — où l'écrivain résida souvent —, devint marin.

1807. Collège de Vendôme.

1814. *Novembre* : les Balzac s'installent à Paris.
Girodet expose au Louvre l'*Endymion* qu'il avait peint en 1791. Balzac demande à Damblin : « Ayez [...] l'obligeance de me procurer un billet pour le jour où il est sensé *[sic]* n'y avoir personne. » Son tableau favori hante son œuvre : entre autres *Sarrasine, La Vendetta* où il est copié par Ginevra di Piombo.
Ingres : *La Grande Odalisque* (exposée au Salon en 1819, Louvre). En déformant la ligne — on reprocha au peintre le dos trop long de sa figure — Ingres pousse l'imitation du réel au-delà de la nature.

1816-1819. Études de droit et emploi de clerc de notaire.

1817. Guérin expose au Salon *Énée racontant à Didon les malheurs de la ville de Troie* (Louvre). Balzac cite souvent le tableau : *Les Secrets de la princesse de Cadignan, La Bourse...* Baudelaire, en 1855, vit dans cette Didon une héroïne de Balzac.

1819. Affirmation de sa vocation d'écrivain. Balzac s'installe dans une mansarde rue de Lesdiguières, évoquée dans *Facino Cane* comme dans d'autres ouvrages (*La Peau de chagrin, Z. Marcas*). Sa famille habite alors Villeparisis.
Géricault : *Le Radeau de la Méduse* (Louvre).

1820-1825. Premiers essais littéraires sous divers pseudonymes. Balzac s'efforce d'épouser les goûts de l'époque : *Cromwell*, tragédie, *Falthurne* et *Sténie*, romans philosophiques.

Laure de Berny puis la duchesse d'Abrantès deviennent ses maîtresses.

Achille Devéria fait son portrait (sépia de la collection Lovenjoul, Institut de France, Paris).

1822. Delacroix : *Dante et Virgile aux Enfers* (Louvre).

1824. *Annette et le criminel*, sous le pseudonyme d'Horace de Saint-Aubin.

Delacroix : *Scène des massacres de Scio* (Louvre).

Ingres : *Vœu de Louis XIII* (commande du gouvernement français, mis en place à la cathédrale de Montauban en 1826).

1827. Balzac participe à la publication de textes intitulés *Arts* qui n'ont rien à voir avec le monde artistique : *L'Art de payer ses dettes*, *L'Art de ne jamais déjeuner chez soi*, *L'Art de mettre sa cravate...*

Dans la maison occupée par Balzac, alors imprimeur, 17, rue des Marais-Saint-Germain, actuelle rue Visconti, s'installent les peintres Paul Delaroche et Eugène Lami. Delacroix y habita en 1835 –– mais Balzac avait quitté les lieux en 1828. Viénot, fils d'un officier que Balzac avait connu, élève de Guérin, expose au Salon le portrait de Zulma Carraud avec son fils Ivan. Elle fut la plus fidèle amie de Balzac.

Ingres : *Apothéose d'Homère* (Louvre).

1828. Delacroix : *Mort de Sardanapale* (Louvre).

Séjour à Fougères dont Balzac devait faire la ville natale de Grassou.

Chateaubriand, ambassadeur de France à Rome, commande un monument en l'honneur de

Nicolas Poussin pour l'église San Lorenzo in Lucina.

1829. *Mars* : *Le Dernier Chouan ou la Bretagne en 1800*, qui devint *Les Chouans* en 1834, signé Honoré Balzac, marque le retour à la littérature après d'infructueuses années où Balzac s'est voulu éditeur puis imprimeur typographe. *19 juin* : mort de Bernard-François Balzac. Un an plus tard, *L'Élixir de longue vie* met en scène un fils, don Juan, au lit de mort de son père. *Décembre* : *Physiologie du mariage*. Le succès vient.

1829 ou 1830. Rencontre avec Delacroix chez Mme O'Reilly, ou plus probablement, selon André Joubin, le commentateur du *Journal* du peintre, Mme O'Donnel, fille de Sophie Gay et sœur de Delphine de Girardin. « C'est là [chez "Mme O'Reilly"] aussi et chez Nodier d'abord que j'ai vu pour la première fois Balzac, qui était alors un jeune homme svelte, en habit bleu, avec, je crois, gilet de soie noire, enfin quelque chose de discordant dans la toilette et déjà brèche-dent. Il préludait à son succès » (Delacroix, *Journal*, *op. cit.*, p. 289).

1830. *Janvier* : *El Verdugo*, signé Honoré de Balzac, paraît dans *La Mode*. *Février-avril* : article « Des artistes » dans *La Silhouette*. *Mars* : *Étude de femme*. *Avril* : parution de *La Maison du Chat-qui-pelote*, dont le héros, Théodore de Sommer-vieux, peintre, séduit son modèle. *La Vendetta* dans *La Silhouette*. *Mai* : *Les Deux Rêves*, repris plus tard dans *Sur Catherine de Médicis*. *Mœurs aquatiques*, commentaire des dessins de Grandville dans

La Silhouette. La même année, Balzac donne trois articles artistiques à *La Mode* consacrés en particulier à Gavarni. Il publia un autre article sur lui dans *L'Artiste*.

Octobre : parution de *L'Élixir de longue vie* dans la *Revue de Paris*.

Novembre : *Sarrasine*.

Décembre : *Une passion dans le désert*. Article « Des Caricatures » dans *La Caricature*. On y lit ce dialogue d'un peintre et d'une femme du monde : « Faites des tableaux, dit-elle. — Des tableaux ? Hélas ! madame, et qui les achètera ? [...] — Eh ! bien, mon ami, faites... des caricatures. »

Projet avorté de pièce de théâtre en collaboration avec Eugène Sue, *La Vieillesse de don Juan ou l'Amour à Venise*.

Théophile Gautier : *Poésies*.

Charles Nodier : *Histoire du Roi de Bohême et de ses sept châteaux* ainsi que l'essai *Du fantastique en littérature*.

1831. Delacroix expose *La Liberté guidant le peuple* (Louvre).

Février : *Le Réquisitionnaire*.

Mars : *Les Proscrits* (*Revue de Paris*).

Du 31 juillet au 7 août : parution, dans la revue *L'Artiste*, du *Chef-d'œuvre inconnu*, conte fantastique.

Balzac commence à fréquenter les mercredis du baron Gérard, qui lui offre des estampes.

Août : parution dans la *Revue de Paris* de *L'Auberge rouge*, nouvelle composée chez Laure de Berny au mois de mai.

Parution en volume de *La Peau de chagrin*, signée — c'est la première fois pour un volume — Honoré de Balzac. Dans ce roman, le magasin de l'antiquaire constitue le premier « musée » balzacien.

Décembre : parution de *Maître Cornélius*, écrit à Saché, dans la *Revue de Paris*.

La Peau de chagrin, avec douze autres récits, dont *L'Élixir de longue vie* et *Le Chef-d'œuvre inconnu* forment, chez l'éditeur Gosselin, les trois volumes des *Romans et contes philosophiques*. Ces textes trouveront place — à l'exception de *La Comédie du Diable* — dans les *Scènes de la vie parisienne, de la vie privée* ou *de la vie de province* de *La Comédie humaine*.

1832. *Nouveaux contes philosophiques*.

Premier dizain des *Contes drolatiques*, assez proches de l'esprit de *Maître Cornélius* — le deuxième parut en 1833, le troisième en 1837. Delacroix écrit à Balzac pour le féliciter de *Louis Lambert* : « Permettez-moi, en forme de remerciement, de vous faire part des idées qui me sont venues à propos de votre *Lambert* et que j'écrivais au coin de mon feu solitaire tout en le lisant, non pas vite, ce qui m'est impossible, surtout dans les livres qui me plaisent : c'est-à-dire ceux où les idées de l'auteur réveillent à chaque instant les miennes » (Delacroix, *Correspondance générale, op. cit.*, t. I, p. 342-343). Un croquis, attribué à Delacroix (coll. particulière, reproduit dans *Balzac par lui-même* de Gaëtan Picon, Éditions du Seuil, 1956, et ayant figuré à l'exposition Balzac de la Bibliothèque nationale en 1950), daterait de ces années : il montre Balzac et son cheval. Balzac répond à David d'Angers qui voulait le faire poser : « S'il n'existe ni litho, ni portrait, ni quoi que ce soit de moi, c'est que je suis lié par une promesse à ce sujet. Cette promesse est d'ailleurs en har-

monie avec mes goûts. » Il affirme avoir refusé
de même à Schnetz, Ary Scheffer et Gérard.
David d'Angers attendit dix ans.
Est-ce cette année-là que Balzac fit la connaissance de Théophile Gautier ?

1833. *Le Médecin de campagne.*

Début de la publication de *La Duchesse de
Langeais*, où il se venge du dédain de Mme
de Castries. Balzac joue les mondains. Horace
Vernet expose au Salon *Judith et Holopherne*.
Son modèle est Olympe Pélissier, future
femme de Rossini, qui fut, en 1833, la maîtresse de Balzac.

Octobre : contrat pour la publication des *Études
de mœurs au XIXᵉ siècle,* auquel succède, l'année suivante, celui des *Études philosophiques.*

Décembre : *Eugénie Grandet, L'Illustre Gaudis-
sart, Le Curé de Tours.*

1834. Début de la liaison avec Mme Hanska (l'« Étrangère » qui correspond avec lui depuis 1832).
Balzac avait fait lithographier une vue de sa
maison rue Cassini pour le recueil de Régnier
et Champin intitulé *Habitations des personnages
célèbres* afin qu'elle en eût une idée.

Delacroix : *Femmes d'Alger dans leur apparte-
ment* (Louvre).

Dans une lettre à Mme Hanska, Balzac dit son
admiration pour ce tableau.

*Séraphîta, La Recherche de l'absolu, La Femme
de trente ans.*

Décembre : parution d'*Un drame au bord de la
mer*, dont une partie avait été publiée par *Le
Voleur* en novembre.

1835. Jean-Pierre Dantan fait deux portraits-charge
de Balzac, se moquant de sa fameuse canne. Il
en est si fier qu'il les signale à Mme de Castries

— « Envoyez-les donc prendre chez Susse » — ainsi qu'à Mme Hanska. Il assiste, lors de son séjour viennois, aux séances où Mme Hanska pose pour le miniaturiste Daffinger. Balzac fit copier la miniature en 1836, voulut demander à Meissonier, spécialiste des petits formats, d'en faire un portrait en pied. Ève Hanska, en 1844, lui envoie l'original : il exulte.

Le Père Goriot, La Fleur des pois [qui devint *Le Contrat de mariage*], *Le Colonel Chabert, Melmoth réconcilié.*

1836. *17 mars* : parution de *Facino Cane* dans la *Revue de Paris*. Balzac y développe sa théorie de la « seconde vue » du romancier.

Le Lys dans la vallée.

Juillet-août : séjour italien.

Balzac a promis au *Figaro* une œuvre intitulée *Les Artistes*, qui demeura un projet inabouti, avant de devenir *Pierre Grassou.*

1837. Troisième version, très remaniée, du *Chef-d'œuvre inconnu.*

Début d'*Illusions perdues, César Birotteau.*

Second séjour italien, découverte de Venise décrite déjà dans *Facino Cane*. Alessandro Puttinati (1800-1872), rencontré à Milan, sculpte un *Balzac* en pied. Balzac lui commande *Séraphîta montant au ciel*. À Florence, en avril, il visite l'atelier de Lorenzo Bartolini (1777-1850) pour y voir le buste de Mme Hanska.

Théophile Gautier : *Mademoiselle de Maupin* précédé de la fameuse Préface où Gautier expose ses idées sur l'art.

Prosper Mérimée : *La Vénus d'Ille.*

Louis Boulanger, dédicataire de *La Femme de trente ans*, expose au Salon le portrait de Balzac fait pour Mme Hanska (sans doute le tableau conservé au musée des Beaux-Arts de Tours). « Ce que Boulanger a su peindre et dont je suis le plus content, c'est la persistance à la Coligny, à la Pierre le Grand, qui est la base de mon caractère. » Louis Boulanger avait esquissé une « *Léda* d'après Michel-Ange » qui faisait l'unique décoration du salon de Balzac rue des Batailles.

1838. *La Torpille* [début de *Splendeurs et Misères des courtisanes*], *Les Employés*, *La Maison Nucingen*.

1839. *1er mars* : ouverture du Salon. Balzac en fait la critique dans les premières pages de *Pierre Grassou*.
Mai : Stendhal commence *Feder*, histoire de l'ascension sociale d'un peintre médiocre finissant par épouser une jeune fille qui a posé pour lui. Balzac a-t-il déjà pensé à *Grassou* à cette date ?
Le Cabinet des Antiques, *Une fille d'Ève*, *Béatrix* (première partie), *Le Curé de village* (début), *Massimilla Doni*.

1840. Balzac devient président de la Société des Gens de Lettres.
Parution de *Pierre Grassou* dans *Babel*.
Une princesse parisienne [*Les Secrets de la princesse de Cadignan*], *Pierrette*, *Z. Marcas*, *Un prince de la Bohème*.
Fonde l'éphémère *Revue parisienne* où il publie un article enthousiaste sur *La Chartreuse de Parme*.
Balzac s'est installé en octobre 1840, à Passy, dans l'actuelle rue Raynouard.

1841. Delacroix expose au Salon l'*Entrée des Croisés à Constantinople* (Louvre).
2 octobre : signature du traité avec Furne

pour ce qui s'intitule désormais *La Comédie humaine*. Balzac, « jetant sur ses ouvrages le regard à la fois d'un étranger et d'un père, trouvant à celui-ci la pureté d'un Raphaël, à cet autre la simplicité de l'Évangile, s'avisa brusquement, en projetant sur eux une illumination rétrospective qu'ils seraient plus beaux réunis en un cycle où les mêmes personnages reviendraient et ajouta à son œuvre, en ce raccord, un coup de pinceau, le dernier et le plus sublime » (Marcel Proust, *La Prisonnière*). Dix-sept volumes de *La Comédie humaine* paraissent de 1842 à 1848.
Mémoires de deux jeunes mariées.

1841-1842. Parution dans *La Presse*, en deux parties, de *Deux frères* qui deviendra *La Rabouilleuse*. Le personnage du peintre Joseph Bridau a certains traits de Delacroix. On le rencontre en outre dans *Illusions perdues* où il participe au Cénacle de Daniel d'Arthez, dans la diligence d'*Un début dans la vie*, dans les *Mémoires de deux jeunes mariées*, dans *La Cousine Bette* où il vient en aide au sculpteur Steinbock.

1842. Louis-Auguste Bisson exécute un portrait de Balzac au daguerréotype (Maison de Balzac). « Je suis ébaubi de la perfection avec laquelle agit la lumière », écrit-il à Mme Hanska ; il décrie en revanche le lumineux pastel de Gérard Séguin (musée de Tours).
Albert Savarus, Ursule Mirouët, La Fausse Maîtresse.

1843. Dans l'édition Furne, apparaît la dédicace de *La Fille aux yeux d'or* « À Eugène Delacroix, peintre » (*Ferragus* est dédié ainsi à Hector Berlioz, *La Duchesse de Langeais* à Franz Liszt). Voyage à Saint-Pétersbourg pour retrou-

ver Ève, désormais veuve du comte Hanski.
À Dresde, sur la route du retour, Balzac ne
manque pas d'admirer, comme le fit Dos-
toïevski en 1867, la *Madone de Saint-Sixte* de
Raphaël : un tableau que l'on porte aux nues
au XIXe siècle.
David d'Angers exécute un croquis, deux
médaillons et un buste (musée Carnavalet) de
Balzac.
Version complète de *Sur Catherine de Médicis*,
regroupant trois textes antérieurs.
*Honorine, La Muse du département, Une téné-
breuse affaire.*

1844. *Modeste Mignon.*

1845. « Honoré de Balzac, homme de lettres »,
est fait chevalier de la Légion d'honneur. Il
s'était moqué dans *Pierre Grassou* des déco-
rations briguées par les artistes. En 1849, il
échoue à se faire élire à l'Académie française.
Un homme d'affaires, Béatrix.

1846. Balzac commence sa collection de peintures :
Sebastiano del Piombo, Holbein, Guido Reni,
Van Dyck, Greuze, le Dominiquin — « Je ne
veux que des choses capitales ou rien. » Quel
marchand d'art aujourd'hui oserait gratifier
un tableau de la provenance « collection de
Balzac » ?
La Cousine Bette paraît en feuilleton avant
d'être publié l'année suivante en librairie.

1847. *Le Provincial à Paris* : reprise du *Chef-d'œuvre
inconnu*, avec quelques retouches, sous le titre
de *Gillette*.
Mars : publication du roman qui est, par
excellence, celui de la collection et de l'amour
de l'art, *Le Cousin Pons*.

1848. Balzac, qui a déjà séjourné plusieurs mois en Ukraine depuis l'automne 1847 et se dispose à y retourner, dresse l'inventaire de sa maison de la rue Fortunée (l'actuelle rue Balzac) où il s'est installé l'année précédente. Sur cet intéressant état de ses collections d'art et son activité de « bricabracomane », on se reportera aux Annexes de l'édition Folio classique du *Cousin Pons* (préface de Jacques Thuillier, postface et notes d'André Lorant, Gallimard, 1973).

1849. Balzac, malade, séjourne en Ukraine chez Mme Hanska à Wierzchownia : « Cette habitation est exactement un Louvre », avait-il écrit, deux ans plus tôt, à sa sœur. Il pensait à l'architecture du bâtiment autant qu'aux œuvres d'art qu'il renfermait.

1850. *20 mai* : retour de Balzac à Paris avec Mme Hanska devenue Mme de Balzac. La maison de la rue Fortunée a été saccagée par un domestique fou.

18 août : mort de Balzac. Eugène Giraud trace au pastel le portrait du défunt (musée de Besançon). « Quand je l'avais quitté [un mois auparavant], il m'avait reconduit jusqu'à cet escalier, marchant péniblement, et m'avait montré cette porte, et il avait crié à sa femme : "Surtout, fais bien voir à Hugo tous mes tableaux."
Le garde me dit :
"Il mourra au point du jour."
Je redescendis, emportant dans ma pensée cette figure livide ; en traversant le salon, je retrouvai le buste immobile, impassible, altier et rayonnant vaguement, et je comparai la mort à l'immortalité » (Victor Hugo, *Choses vues*).

854. Publication posthume du *Député d'Arcis*, suivi en 1856 des *Petits Bourgeois* achevés, avec l'ac-

cord de Mme de Balzac, par Rabou. Dans *Les Petits Bourgeois* sont citées une dernière fois les toiles de Pierre Grassou.

1855. Publication posthume des *Paysans* achevés par Mme de Balzac.

Gustave Doré illustre les *Contes drolatiques*.

1858. Étude de Théophile Gautier consacrée à *Balzac*. Il n'y mentionne pas *Le Chef-d'œuvre inconnu*.

1882. Mort de Mme de Balzac qui venait de vendre l'hôtel de la rue Fortunée, auquel elle n'avait rien changé, à la baronne Salomon de Rothschild. Tout fut dispersé, la maison jetée à bas.

NOTICE[1]

HISTOIRE DU TEXTE

Paru dans la revue *L'Artiste* en deux livraisons (31 juillet 1831, *Maître Frenhofer*, 7 août, *Catherine Lescault*), *Le Chef-d'œuvre inconnu* fut repris en volume, avec de nombreuses corrections de Balzac, par l'éditeur Gosselin (*Romans et contes philosophiques*, tome III, 1831, puis en 1832 dans la version en deux volumes). Lors de la réédition de son texte avec les *Études philosophiques* en 1837, Balzac le retravailla, peut-être sous l'influence d'articles de Théophile Gautier parus dans *La Presse* à la fin de 1836 et au début de 1837 ou de conversations avec le chantre de l'art pour l'art. C'est ce texte qui, presque tel quel, est reproduit en 1846 dans l'édition Furne.

Traditionnellement, on considère que les exemplaires de cette édition, corrigés de la main de Bal-

---

1. Dans la rédaction de cette notice, ainsi que pour les notes, on a eu recours à l'immense travail des éditeurs de Balzac dans la Bibliothèque de la Pléiade : Marcel Bouteron en premier lieu, et bien sûr toute l'équipe réunie par Pierre-Georges Castex pour son édition de 1976-1981, tout particulièrement René Guise pour *Le Chef-d'œuvre inconnu*.

zac, conservés dans le fonds Spœlberch de Lovenjoul
à la bibliothèque de l'Institut à Paris, constituent le
dernier état du texte de *La Comédie humaine*. Pour
Le Chef-d'œuvre inconnu, toutefois, il n'est pas possible de s'en tenir au « Furne corrigé ». Sous le titre
Gillette, Balzac a en effet repris sa nouvelle, dans
un volume intitulé *Le Provincial à Paris* (du nom
du premier roman du recueil, qui s'appelle, dans *La
Comédie humaine, Les Comédiens sans le savoir*) et
qui parut en 1847 : il modifie encore le texte, sans
intégrer pourtant ses corrections manuscrites, probablement déjà faites à cette date. Le parti suivi par
René Guise pour l'établissement du texte dans l'édition de la Pléiade, qui est ici repris, a été de s'en tenir
à la version ultime du *Provincial à Paris*, en y faisant
figurer les quelques retouches portées par Balzac sur
le Furne.

Il ne saurait être question de répertorier ici l'ensemble des variantes qui distinguent ces multiples
éditions. Les lecteurs curieux se reporteront à l'édition de la Pléiade. Pourtant, on a tenu à donner en
note les quelques endroits où Balzac a notablement
modifié son récit. *Le Chef-d'œuvre inconnu* est un
texte mythique, dont aucun détail ne doit être laissé
dans l'ombre : on trouvera donc en fin de volume les
passages où Catherine Lescault est qualifiée de courtisane, son surnom « la Belle-Noiseuse », la manière
dont les soudards de l'Empire faisaient parfois des
moustaches aux saintes et les descriptions romantiques d'un atelier d'artiste du XVIIe siècle. Pour avoir
une idée complète de la version de 1831, on se reportera à Pierre Laubriet qui la reproduit *in extenso*
(voir *Un catéchisme esthétique, op. cit.*).

LA QUESTION DES SOURCES

Francis Haskell a montré (voir la Bibliographie) que les Français du début du XIXe siècle goûtent beaucoup les romans, feuilletons, articles, pièces de théâtre, récits, tableaux qui mettent en scène des artistes, des scènes de la vie des maîtres d'autrefois. En peinture, il a étudié en effet la floraison de ces sujets, aujourd'hui bien oubliés : depuis le *Léonard de Vincy mourant dans les bras de François Ier* de François-Guillaume Ménageot (Salon de 1781), jusqu'aux peintres de l'Empire — *La Mort de Raphaël* de Nicolas-André Monsiau (Salon de 1804) — et de la Restauration — Louis-Charles-Auguste Couder expose *La Mort de Masaccio* au Salon de 1817, Paul Delaroche un *Filippo Lippi chargé de peindre un tableau pour un couvent devient amoureux de la religieuse qui lui servait de modèle* à celui de 1824 — et enfin jusqu'aux fameux *Raphaël et la Fornarina* d'Ingres (1814) et *Michel-Ange dans son atelier* de Delacroix (1849-1850). L'étude consacrée par Francis Haskell à cette veine artistique qui court à travers l'époque permet de mieux comprendre comment *Le Chef-d'œuvre inconnu* a pu être lu par ses contemporains. Un récit qui rend vivant le plus grand nom de l'École française, Poussin, mais qui se distingue des romans sur l'art du temps en ce qu'il prétend percer les mystères de la création. Une nouvelle comme celle que signe Clémence Roret dans la *Revue des feuilletons* de 1846 — exemple choisi entre cent parce que ce texte s'intitule *Nicolas Poussin* — retrace la vie de l'artiste comme un roman de cape et d'épée, mentionne quelques tableaux et commandes, mais ne dit pas mot sur l'*art*. Balzac voulait plaire, et se distinguer dans la masse des « romans d'artistes » — c'est sans doute la raison pour laquelle il a retravaillé son texte jusqu'à en faire ce « catéchisme esthétique » qui séduit tant.

La question des sources de ces pages esthétiques a donc été maintes fois posée. René Guise a écarté l'hypothèse d'une collaboration importante de Théophile Gautier, en qui on avait pu voir le véritable auteur de la nouvelle. Ses idées générales sur l'art, sa maîtrise du vocabulaire technique n'en ont pas moins certainement influencé Balzac. Pour René Guise, la source principale du discours balzacien sur l'art est à chercher dans Diderot, dont les *Salons* de 1759 et de 1761 avaient été édités en 1813 et 1818 (il cite, dans sa remarquable édition de la Bibliothèque de la Pléiade, de nombreux rapprochements convaincants) ; pour Marc Eigeldinger et Max Milner (introduction, notes et documents de l'édition Garnier-Flammarion de *Le Chef-d'œuvre inconnu*, *Gambara*, *Massimilla Doni*, 1981), c'est plutôt Delacroix qui aurait fourni à Balzac quelques clés de son art. Deux sources qui ne s'excluent pas. Même si les pages du *Journal* de Delacroix que l'on peut mettre le plus clairement en rapport avec la nouvelle sont souvent postérieures. Jamais il ne parle du *Chef-d'œuvre inconnu*. Il a pourtant tenu en main les volumes du *Provincial à Paris* qu'il critique très sévèrement (*Journal*, 6 septembre 1854, *op. cit.*, p. 462), mais visant uniquement le premier texte du recueil. Ce sont sans doute plus les peintures de Delacroix, que tout Paris a pu voir, qui ont donné à Balzac matière à observations et à rêveries — au même titre que les tableaux du Louvre, les Rembrandt, les Titien, les Corrège que Stendhal n'était pas seul à vénérer. Balzac a une bonne connaissance des milieux artistiques de son temps, mais n'en est pas spécialiste. Lorsqu'il évoque, dans *Pierre Grassou*, les grands Salons où exposèrent les artistes romantiques, il se trompe et confond les dates. Il a pourtant des amis critiques, comme Auguste Jal, des amis artistes aussi — et il était naturel que l'on cherchât parmi ces derniers les modèles de Frenhofer.

FRENHOFER GRAVEUR ?

On s'accorde souvent à penser qu'outre de possibles conversations avec Delacroix, bien sûr, Louis Boulanger, pour lequel Balzac posa en 1837, a pu lui fournir des indications techniques mises à profit dans les additions de 1837, des mots d'atelier. Sans doute Boulanger posait-il aussi, à son insu, devant Balzac. L'auteur du plus célèbre portrait de l'écrivain ne doit pas faire oublier un autre artiste, fidèle de Balzac à l'époque, celui dont il aime « les élégants dessins », Gavarni. C'est précisément la revue *L'Artiste* qui les rapproche : Gavarni y donne une illustration de *La Peau de chagrin* dont Balzac espère qu'elle « popularisera » son livre, lui-même y écrit des articles à la gloire des lithographies de son ami. Or, quelques termes, qui surgissent dans *Le Chef-d'œuvre inconnu*, semblent incontestablement plus d'un dessinateur et d'un graveur que d'un peintre : « un trait soigneusement ébarbé », « marqué sèchement », « on ne peut rendre avec des traits que des figures géométriques », « avec le trait et le noir, qui n'est pas une couleur, on peut faire une figure ». Un burin, par exemple, qu'est-ce d'autre qu'un travail qui, de près, n'est qu'un chaos de traits et de hachures et prend forme à convenable distance, une œuvre que l'on peut aussi facilement gâter en multipliant les « tailles » — qui obscurcissent et risquent de rendre illisibles les tirages ? Un graveur comprend immédiatement l'échec de Frenhofer. Il n'est pas question ici de désigner, après d'autres, un nouvel « inspirateur du *Chef-d'œuvre inconnu* », simplement de souligner que la grande complicité, en 1830 et 1831, de Gavarni et de Balzac ne rend pas invraisemblables des discussions entre eux. À ces conversations avec des amis artistes et critiques, à ses lectures de Diderot, il convient d'ajouter des sources moins prestigieuses : les « usuels », compilations de seconde main et dictionnaires que Balzac avait dans sa bibliothèque. Leur rôle, dans la réunion des matériaux qui servirent à l'écriture du *Chef-d'œuvre inconnu*, ne doit pas être sous-estimé.

LE CHEF-D'ŒUVRE INCONNU
ET LA PHILOSOPHIE DE BALZAC

La nouvelle précédait, dans les *Études philosophiques*, *Gambara* et *Massimilla Doni*, nouvelles d'inspiration musicale. Se trouvaient ainsi réunis trois textes sur l'art, l'un sur la peinture, les deux autres sur la musique et l'opéra. Le 11 juin 1837, Balzac écrivait à Maurice Schlesinger : « Lisez ce que votre cher Hoffmann le Berlinois a écrit sur Gluck, Mozart, Haydn et Beethoven et vous verrez par quelles lois secrètes la littérature, la peinture et la musique se tiennent. » En réunissant les trois nouvelles, il rivalise avec Hoffmann. *Massimilla Doni* et *Gambara* restent les précieux compléments du *Chef-d'œuvre inconnu*.

En outre, dans l'œuvre de Balzac, c'est l'ensemb[le] des « tableaux », des personnages, des actions « se tient » par une loi sans cesse réaffirmée[.]

relève de ce que Balzac appelle sa philosophie et que son prête-nom Félix Davin a été par lui chargé d'expliquer aux lecteurs : toutes ces œuvres illustrent le pouvoir destructeur de la pensée, mettent en lumière « la pensée tuant le penseur ». *Le Chef-d'œuvre inconnu* relève de l'un des aspects primordiaux de *La Comédie humaine* : son versant philosophique.

« Nous sommes de la même étoffe que nos songes », écrit Shakespeare dans *La Tempête*. Chaque personnage vaut, chez Balzac, ce que vaut son rêve. Le peintre Frenhofer se rêve démiurge, nouveau Prométhée, et se brûle au feu qui consume ses toiles. De même, Pierre Grassou, un barbouilleur, se veut peintre d'histoire — et s'il y parvient, de manière dérisoire et heureuse, c'est peut-être parce que le génie ne l'illumine pas. Frenhofer appartient à la série des monomanes peints par Géricault, portant sur leurs visages les indices de leurs incurables pathologies — comme les saints des tableaux se reconnaissent aux instruments de leurs martyres. L'histoire de Frenhofer est celle de ces hommes qui se battent contre la pensée qui les habite.

Dans *Les Martyrs ignorés*, en 1837, Balzac écrit :

> La pensée est le plus violent de tous les agents de destruction ; elle est le véritable ange exterminateur de l'humanité, qu'elle tue et vivifie, car elle vivifie et tue. [...] Penser, mon enfant, c'est ajouter de la flamme au feu. [...] Savez-vous ce que j'entends par pensée ? Les passions, les vices, les occupations extrêmes, les douleurs, les plaisirs sont des torrents de pensée. Réunissez sur un point donné quelques idées violentes, un homme est tué par elles comme s'il recevait un coup de poignard.

Faut-il prendre au sérieux cette philosophie de ...c ? Force est de constater qu'il y croit. Aussi fermement qu'aux mécanismes de la finance et aux actes notariaux, il croit en l'existence d'un monde spirituel, avec ses pensées antagonistes, ses phénomènes ésotériques. Il croit depuis toujours en sa propre *aura*, espère que ses divers portraitistes pourront la rendre sensible. Le visible et l'invisible entrent à parts égales dans le credo de *La Comédie humaine*. D'un côté *Séraphîta*, de l'autre *Eugénie Grandet* — indissociables. Car, à bien lire, tous les personnages de Balzac sont ainsi possédés, habités de leurs démons, tous, aussi bien ceux des premiers contes qui cèdent aux modes fantastiques ou historicistes du temps que les héroïnes et les héros du monde réel, Nucingen, la duchesse de Langeais, Vautrin. *Le Chef-d'œuvre inconnu* peut donc aussi servir d'introduction au monde de *La Comédie humaine*.

BIBLIOGRAPHIE

BIBLIOGRAPHIE GÉNÉRALE

On se reportera aux grandes éditions de *La Comédie humaine* :

La Comédie humaine, édition de Pierre-Georges Castex, Gallimard, Bibliothèque de la Pléiade, 12 vol., 1976-1981. Cette édition est suivie des *Œuvres diverses* dont le t. I a paru en 1990.

Œuvres complètes de Honoré de Balzac, texte révisé et annoté par Marcel Bouteron et Henri Longnon, L. Conard, 40 vol., 1912-1940.

La Comédie humaine, texte établi par Marcel Bouteron, Gallimard, 1re édition de la Bibliothèque de la Pléiade, 10 vol., 1935-1937.

Œuvres complètes, édition nouvelle établie par la Société des Études balzaciennes (sous la direction de Maurice Bardèche), Club de l'Honnête Homme, 28 vol., 1955-1963.

Œuvres complètes illustrées, publiées sous la direction de Jean-A. Ducourneau, Les Bibliophiles de l'originale, 30 vol., 1965-1976 (il manque les tomes XXVII et XXVIII qui devaient être consacrés à la fin des *Œuvres diverses*). (Pour *La Comédie humaine*, reproduit en fac-similé le Furne corrigé.)

Correspondance, textes réunis, classés et annotés par Roger Pierrot, Garnier, 5 vol., 1960-1969. (Les *Lettres à Madame Hanska* figurent dans les t. XXIX à XXXII de l'édition des Bibliophiles de l'originale.)

Catalogue de l'exposition *Honoré de Balzac 1799-1850*, Bibliothèque nationale, 1950.

Catalogue de l'exposition *L'artiste selon Balzac*, Maison de Balzac, 1999.

Romantisme, *Revue du XIXe siècle*, n° 54, « Être artiste », 1986, et n° 55, « L'artiste, l'écrivain, le poète », 1987 (Éditions SEDES).

ADHÉMAR, Jean, « Balzac, sa formation artistique et ses initiateurs successifs », *Gazette des Beaux-Arts*, décembre 1984, p. 231-240.

AMBLARD, Marie-Claude, *L'Œuvre fantastique de Balzac*, Didier, 1972.

BARBÉRIS, Pierre, *Balzac et le mal du siècle*, Gallimard, coll. « Bibliothèque des Idées », 2 vol., 1970. *Le Monde de Balzac*, Arthaud, 1971.

BARDÈCHE, Maurice, *Balzac romancier*, Plon, 1940.

BARTHES, Roland, *S/Z*, Éditions du Seuil, coll. « Tel Quel », 1970.

BONARD, Olivier, *La Peinture dans la création balzacienne : invention et vision picturales de La Maison du Chat-qui-pelote au Père Goriot*, Genève, Librairie Droz, 1969.

BOUTERON, Marcel, *Études balzaciennes*, Jouve, 1954.

CASTEX, Pierre-Georges, *Le Conte fantastique en France de Nodier à Maupassant*, José Corti, 1951. *Nouvelles et Contes de Balzac*, « Les Cours de Sorbonne », CDU, 1963.

DELACROIX, Eugène, *Journal. 1822-1863*, préface de Hubert Damisch, introduction et notes par André Joubin (édition revue par Régis Labourdette), Plon, 1981.

FOUCART, Bruno, préface à *L'Œuvre* d'Émile Zola, « Folio classique » (édition établie et annotée par Henri Mitterand), 1983.

FRØLICH, Juliette, « Le phénomène oral : l'impact du conte dans le récit bref de Balzac », *L'Année balzacienne*, 1985.

LAUBRIET, Pierre, *L'Intelligence de l'art chez Balzac*, Didier, 1961.

PITT-RIVERS, Françoise, *Balzac et l'art*, Chêne, 1993 (préface de Félicien Marceau).

THUILLIER, Jacques, préface au *Cousin Pons* de Balzac, « Folio classique » (postface et notes d'André Lorant), 1973.

Pour ceux qui, venus à Balzac par *Le Chef-d'œuvre inconnu*, voudraient s'y plonger, outre l'album Pléiade que Jean-A. Ducourneau a consacré à *Balzac* en 1962, deux petits livres d'initiation :

GENGEMBRE, Gérard, *Balzac. Le Napoléon des lettres*, Découvertes Gallimard, 1992.

LONGAUD, Félix, *Dictionnaire de Balzac*, Larousse, 1969.

BIBLIOGRAPHIE
DU *CHEF-D'ŒUVRE INCONNU*

Collectif, *Autour du* Chef-d'œuvre inconnu *de Balzac*, École nationale supérieure des arts décoratifs, 1985 (en particulier les contributions de René Guise, de Ségolène Le Men et de Jean-Claude Lebensztejn).

BERNARD, Claude E., « La problématique de l'échange dans *Le Chef-d'œuvre inconnu* d'Honoré de Balzac », *L'Année balzacienne*, 1983.

Brassaï, *Conversations avec Picasso*, Gallimard, 1964 (p. 58).

Damisch, Hubert, *Fenêtre jaune cadmium — ou les dessous de la peinture*, Éditions du Seuil, 1984.

Didi-Huberman, Georges, *La Peinture incarnée*, suivi de « *Le Chef-d'œuvre inconnu* par Honoré de Balzac », Éditions de Minuit, 1985.

Eigeldinger, Marc, *La Philosophie de l'art chez Balzac*, Genève, P. Cailler, 1957.

Filoche, Jean-Luc, « *Le Chef-d'œuvre inconnu* : peinture et connaissance », *L'Année balzacienne*, 1980, p. 47-59.

Gans, Éric L., *Essais d'esthétique paradoxale*, p. 179-193 : « Le chef-d'œuvre inconnaissable de Balzac : les limites de l'esthétique classique », Gallimard, coll. « Essais », 1977.

Goetz, Adrien, « Frenhofer et les maîtres d'autrefois », *L'Année balzacienne*, 1994.

Haskell, Francis, *De l'art et du goût jadis et naguère*, chapitre 7 : « Les maîtres anciens dans la peinture française du XIXe siècle », Gallimard, 1989.

Laubriet, Pierre, *Un catéchisme esthétique*, Le Chef-d'œuvre inconnu *de Balzac*, Didier, 1961.

Serres, Michel, *Genèse*, Grasset, 1982.

Sérullaz, Maurice, *E. Delacroix*, Fayard, 1989.

Shillony, Helena, « En marge du *Chef-d'œuvre inconnu*, Frenhofer, Apelle et David », *L'Année balzacienne*, 1982, p. 288-290.

Vouilloux, Bernard, « Presque — ou du narratif en peinture (Apostrophe au *Chef-d'œuvre inconnu*) », *Littérature*, février 1991, Larousse.

NOTES

Page 29.

1. La version parue dans *L'Artiste* (1831) donnait en sous-titre « *Conte fantastique* ».

À UN LORD : dédicace qui a beaucoup intrigué. Marcel Bouteron a été le premier à voir ce que les cinq — ou quatre, selon les éditions — lignes de points qui la suivent doivent aux fantaisies de Laurence Sterne dans *Tristram Shandy*, dont Balzac s'inspira, par ailleurs, à la première page de *La Peau de chagrin* ou, dans la *Physiologie du mariage*, avec le premier paragraphe de la « méditation XXV », pure fantaisie typographique. Ségolène Le Men (dans un article du volume collectif *Autour du* Chef-d'œuvre inconnu *de Balzac, op. cit.*) propose de voir dans ces lignes un emblème de l'indicible pour l'écrivain, de l'irreprésentable pour le peintre : épigraphe muette et en même temps bandeau ornemental comme il y en a tant dans les éditions romantiques, mais abstrait — illustration du texte qui le suit. Plutôt que de chercher à identifier un britannique dédicataire parmi les fréquentations de Balzac en 1846, la mention « À un Lord » relèverait peut-être du goût pour l'anagramme, bien connu, de cet Honoré qui signa

« Lord R'hoone » certains de ses romans de jeunesse (jusqu'à *Clotilde de Lusignan* en 1822). « À un Lord », anagramme d'Arnould, pourrait renvoyer ainsi à Sophie Arnould (1744-1803), cantatrice célèbre pour son esprit et dont certains bons mots figuraient encore dans les recueils de citations. Diderot parle d'elle dans les *Lettres à Sophie Volland* (publiées en 1830) et Balzac, dans *Sarrasine* cite un trait d'esprit qu'il lui attribue : « Il n'eut pas d'autre maîtresse que la Sculpture et Clotilde, l'une des célébrités de l'Opéra. [...] L'illustre nymphe, redoutant quelque catastrophe, rendit bientôt le sculpteur à l'amour des Arts. Sophie Arnould a dit je ne sais quel bon mot à ce sujet. Elle s'étonna, je crois, que sa camarade eût pu l'emporter sur des statues. » C'est tout ce qu'il en dit dans *La Comédie humaine*, mais s'il avait cette phrase à l'esprit quand, en 1846, il fait ajouter cette dédicace à l'édition Furne, comment ne pas voir qu'elle s'applique à l'intrigue du *Chef-d'œuvre inconnu* — la beauté vivante en échange de l'art ?

2. Maison qui serait l'Hôtel de Savoie-Carignan, 7, rue des Grands-Augustins, dont le grenier servit de salle de répétition à Jean-Louis Barrault et où Picasso, qui s'y installa en 1937, à une date où il avait déjà donné des illustrations pour le texte de Balzac, peignit *Guernica*.

Page 30.

1. Ce « Porbus » est Frans (François) II Pourbus dit le Jeune (Anvers 1570-Paris 1622). L'article consacré à Pourbus par Périès en 1823, au tome XXXV de la *Biographie* de Michaud, qui constitue, semble-t-il, la source principale de la documentation historique de Balzac (voir la Préface, p. 14), fait l'éloge du fameux portrait de Henri IV du Louvre : « Le mérite de la vérité y est tellement prononcé que ce portrait a s

[...] de type à tous ceux que l'on a faits de Henri IV. La finesse du pinceau, la perfection des étoffes, la vie répandue dans toute la figure font de ce tableau un des ouvrages les plus précieux qui existent. » Périès indique que Pourbus est enterré « dans l'église des Petits-Augustins du Faubourg Saint-Germain ». Poussin ne fut pas l'élève de François II Pourbus, mais *La Cène* de ce dernier, comme l'explique Alain Mérot (*Poussin*, Hazan, 1990, p. 24 et 305), le marqua durablement avant son départ pour Rome.

2. Historiquement, les grandes commandes à Rubens (la série des toiles allégoriques de la *Vie de Marie de Médicis* pour le palais du Luxembourg) datent de 1621. Ces toiles étaient célèbres sous la Restauration quand, pour combler les vides aux murs du défunt musée Napoléon après les restitutions de 1815, autant que pour édifier le mythe dynastique de Henri IV, on les installa au Louvre. Déjà sous Louis XVI, il avait été question de faire un musée au Louvre où auraient figuré, outre la série des Rubens, celle des *Ports de France* de Vernet et la *Vie de saint Bruno* de Le Sueur.

Page 32.

1. Balzac, qui vient de parler de « touche de pinceau » dans son portrait psychologique du jeune visiteur, poursuit, dans ce style pictural, sa description du vieil homme et en donne la clé à la fin : un Rembrandt « sans cadre ». Le diabolique, propre au conte fantastique, s'allie ici aux métaphores artistiques. Balzac, comme l'a montré Olivier Bonard (dans *La Peinture dans la création balzacienne*, Genève, Librairie Droz, 1969), compare souvent ses vieillards à des Rembrandt (l'antiquaire de *La Peau de chagrin*, Gobseck, M. Becker dans *Séraphîta*) : Fabien Pillet, au ~~~ne~~ XXXVII de la *Biographie* de Michaud (1824),

évoquait bien chez l'artiste ses « grands effets, qu'on pourrait appeler fantasmagoriques ». C'est ici la première fois dans le conte qu'une peinture semble avoir pris vie : par la volonté du romancier, plus puissante que le talent du peintre.

Page 33.

1. En 1831, Balzac ajoutait :

> Ce serait chose assez importante, un détail artistement historique, que de dépeindre l'atelier de maître Porbus ; mais l'histoire nous prend tellement à la gorge, et les descriptions sont si cruellement difficiles à bien faire, sans compter l'ennui des lecteurs qui ont la prétention d'y suppléer que vous perdrez, ma foi ! ce morceau par moi peint à l'huile, et peint sur place, où les jours, les teintes, la poussière, les accessoires, les figures possédaient un certain mérite...
>
> Il y avait surtout une croisée d'ogive coloriée, et une petite fille occupée à remettre ses chausses, exécutées avec un fini vraiment regrettable. C'était aussi vrai, aussi faux, aussi peigné, léché, qu'une croquade d'amateur ; mais les arts sont si malades qu'il y aurait crime à faire encore des tableaux en littérature : aussi nous sommes généralement sobres d'images par pure politesse...

Balzac a donc estompé deux traits : le parallèle entre littérature et peinture, qu'il a voulu moins explicite, et, par ailleurs, les maladresses de Pourbus — à qui il préfère rendre sa place au premier rang des peintres du début du XVIIe siècle.

2. Symboliquement, c'est une toile qui ne représente rien (encore) qui est la première décrite. La toile ultime sera tout aussi énigmatique mais chargée de couleurs.

3. La *Chronique du règne de Charles IX* de Mérir (1829) a rendu les lecteurs romantiques fam

de ces « reîtres », cavaliers allemands du temps des guerres de Religion.

4. Toujours dans la biographie de Rembrandt du volume de Michaud, on lit : « Il avait, dans son atelier, de vieilles armures, de vieux instruments, de vieilles étoffes ouvragées et il disait ironiquement que c'étaient là ses antiques. » Si Frenhofer était Rembrandt ?

5. La technique des trois crayons remonte à la Renaissance : on utilise mine de plomb, sanguine et crayon blanc, généralement sur papier teinté. On a aussi gravé en « manière de crayon », à l'imitation du dessin, en combinant ces trois couleurs.

Page 34.

1. Description bien différente de l'atelier de Théodore de Sommervieux dans *La Maison du Chat-qui-pelote* ou de celui de Pierre Grassou.

2. Aucune trace d'une telle œuvre chez Pourbus, mais le sujet inspira Philippe de Champaigne (musée de Tours). Le thème, un échange, comme l'a remarqué Pierre Laubriet, offre des analogies avec l'histoire de Gillette : la sainte, voulant passer la mer pour aller à Jérusalem, est contrainte de céder aux avances du batelier (ou même, lui offre ses charmes : Balzac parle ensuite de « l'indécision du batelier »). Prostitution d'une sainte sur le chemin de la conversion qui serait l'écho de l'« horrible prostitution » dont parle Frenhofer (p. 59). Mais Balzac ne l'évoque peut-être simplement que comme vraisemblable commande d'une reine étrangère qui se prénomme Marie. Chateaubriand, dans la *Vie de Rancé* (Livre second), signale que Rancé avait fait peindre pour la Trappe une sainte Marie égyptienne assistée par saint ozime. Lubin Baugin au XVIIᵉ siècle avait traité le et pour Notre-Dame de Paris. Alexandre Dumas, *La Dame de Monsoreau* (1846) — au chapitre

« Étymologie de la rue de la Jusienne », cette rue où le père Goriot a été si heureux —, explique en détail :

> Le peintre [anonyme] avait peint à fresque pour François Ier et par les ordres de ce roi, la vie de sainte Marie l'Égyptienne : or, au nombre des sujets les plus intéressants de cette vie, l'artiste imagier, naïf et grand ami de la vérité, sinon anatomique, du moins historique, avait, dans l'endroit le plus apparent de la chapelle, placé ce moment difficile où sainte Marie, n'ayant point d'argent pour payer le batelier, s'offre elle-même comme salaire de son passage.

Il s'agissait en fait d'un vitrail, supprimé au nom des convenances.

Balzac a fait disparaître le développement suivant qui figurait dans *L'Artiste* de 1831 :

> Cette belle page (le mot n'était pas encore inventé pour désigner une œuvre de peinture ; mais j'aurais pu tout aussi bien vous dire : *cette pourtraicture saincte et mignonnement parachevée* ; mais le placage historique me semble fatigant, outre que beaucoup ne comprennent plus les vieux mots) ; cette page donc représentait une *Marie Égyptienne* acquittant le passage du bateau. Ce chef-d'œuvre, destiné à Marie de Médicis, fut par elle vendu à Cologne, aux jours de sa misère ; et, lors de notre invasion en Allemagne (1806), un capitaine d'artillerie la sauva d'une destruction imminente, en la mettant dans son portemanteau. C'était un protecteur des arts qui aimait mieux prendre que voler. Ses soldats avaient déjà fait des moustaches à la sainte protectrice des filles repenties, et allaient, ivres et sacrilèges, tirer à la cible sur la pauvre sainte, qui, même en peinture, devait obéir à sa destinée. Aujourd'hui cette magnifique toile est au château de la Grenadière, près Saint-Cyr en Touraine, et appartient à M. de Lan⸱

Nul n'a pris au sérieux les indications de Balzac : ce capitaine est peut-être Carraud, le mari de son amie Zulma, ou Périolas, le dédicataire de *Pierre Grassou*, dont il a fait la connaissance depuis peu et qui est instructeur à Saint-Cyr. Ses états de service confirment qu'il était en Allemagne en 1806. Rien n'indique qu'il ait collectionné les peintures — sauf peut-être la dédicace de *Pierre Grassou*.

Quant à la Grenadière, qui inspira une nouvelle à Balzac en 1832 — où il ne mentionne aucune peinture du XVIIᵉ siècle décorant la maison —, elle existe encore. En 1830, Balzac y avait séjourné avec Laure de Berny, sa « *dilecta* », Béranger y habita ensuite. Le Philippe de Champaigne de Tours n'en provient pas : il était au couvent du Val-de-Grâce et fut attribué au musée de Tours par le Louvre.

3. Dans l'édition des *Romans et contes philosophiques* de 1831, on pouvait lire ce développement, où s'esquissait l'analyse de l'opposition de deux manières :

> Elle ne vit pas ! En la regardant longtemps, je ne saurais croire qu'il y ait de l'air entre ses bras et le fond de la toile... Je ne sens pas la chaleur de ce beau corps, et ne trouve pas de sang dans les veines... Les contours ne sont pas dessinés franchement. — Tu as craint d'être sec en suivant la méthode de l'école italienne, et tu n'as pas voulu empâter les extrémités à l'instar du Titien ou du Corrège. Eh bien ! tu n'as eu ni les avantages d'un dessin pur et correct ni les artifices des demi-teintes... Tu n'es vrai que dans les tons intérieurs de la chair... Il y a de la vérité là...
>
> Et le vieillard montrait la poitrine de la sainte.
>
> — Puis ici...
>
> Et il indiquait le point où, sur le tableau, finissait l'épaule.
>
> — Ici... tout est faux... Mais n'analysons pas, ce serait faire ton désespoir.

La comparaison avec le texte définitif montre clairement dans quel sens Balzac a précisé sa pensée.

Page 35.

1. *Veines fibrilles* : Balzac semble désigner ainsi de petites veines, imperceptibles et donc très difficiles à « rendre » par le pinceau.

2. Développement du mythe suggéré p. 34 : « Vous vous imaginez être des peintres et avoir dérobé le secret de Dieu ! »

Page 36.

1. Opposition entre une peinture vénitienne reposant sur le primat de la couleur, celle de Titien et de Véronèse, et la manière allemande, prônant le dessin, de Hans Holbein et de Dürer. À l'époque où l'on opposait volontiers Ingres le dessinateur (à qui l'on reprochait de « peindre gris ») et Delacroix le coloriste, Balzac rêvait à une réconciliation. L'échec de Frenhofer peut être lu comme celui de cette impossible synthèse, impossible du moins dans les limites d'une peinture mimétique et figurative — d'où les lectures contemporaines qui insistent sur l'abandon final de la représentation dans cette peinture qui se donne pour but d'*exprimer* la nature (voir la Préface, p. 10).

2. Le Florentin Benvenuto Cellini (1500-1571) explique ces difficultés techniques dans ses *Traités de l'orfèvrerie et de la sculpture* (préface d'Adrien Goetz, École nationale supérieure des Beaux-Arts, 1992). Balzac utilise ici cette image de la fonte d'un bronze pour rendre sensible, dans un registre susceptible d'être compris d'artiste à artiste, l'échec de Porbus — qui annonce celui de Frenhofer. Frenhofer dénonce une impossibilité sans dire encore d

le but de ses recherches est de la lever. C'est cette symétrie entre critiques faites à Porbus et échec final qui donne tout son sens à la nouvelle.

3. *Simule* seulement, car faute de parvenir à cette impossible « fusion » qui produit la vie et fait du peintre un démiurge, mieux vaut se contenter d'un choix illusionniste — et illusoire.

Page 37.

1. *Poète* au sens étymologique de créateur.

Page 38.

1. L'utilisation du terme alchimique d'*arcane*, désignant une opération mystérieuse, repris par Swedenborg, renvoie à la métaphore de la fusion du métal développée plus haut, qui avait pour objet une véritable transmutation. Plus loin (p. 41), Frenhofer parle des « arcanes de l'art ».

2. L'apprentissage de la peinture ne commençait pas, dans la tradition académique, par le modèle vivant.

3. Protée qui peut changer de forme s'identifie ici à la forme elle-même.

4. Nue comme la Vérité, dans la célèbre allégorie perdue du peintre Apelle, *La Calomnie*, connue par les textes de Pline l'Ancien et de Lucien. C'est bien la recherche de « la vérité en peinture » qui mène le vieux peintre.

5. Raphaël, référence universelle pour les artistes depuis le XVIᵉ siècle, a pu incarner la réconciliation de la peinture : Ingres se réfère à lui autant que Delacroix.

Page 39.

1. « Char élégant » ; « bel homme ». Adolphe Reinach (*Textes grecs et latins relatifs à l'histoire de la peinture ancienne*, introduction et notes par Agnès

Rouveret, Macula, 1985, p. 79) atteste cette coutume chez les premiers artistes grecs et cite ce passage d'Élien : « La peinture, à ses débuts, quand elle était encore pour ainsi dire à la mamelle et en bas âge, donnait des êtres vivants une représentation si fruste, que les peintres y ajoutaient cette inscription : Ceci est un bœuf, cela un cheval, ou bien : un arbre. »

Page 40.

1. Jan Gossaert, dit Mabuse ou de Mabuse (vers 1478-1532). La *Biographie* de Michaud retient l'essentiel, et permet de comprendre pourquoi Balzac le choisit pour maître de Frenhofer : Mabuse a introduit le style italien dans la peinture des Pays-Bas, il a lui aussi réconcilié deux styles antagoniques — et intégré la leçon de Dürer.

> [Il] voyagea dans sa jeunesse, demeura longtemps en Italie, et fut le premier qui en rapporta la manière de dessiner le nu dans le goût et dans les proportions des statues antiques, et qui fit connaître dans son pays le style noble et correct des grands maîtres des écoles de Rome et de Florence. [...] Demabuse a fait plusieurs grands tableaux, placés dans différentes villes de Hollande, et en aurait fait davantage s'il ne s'était livré à une débauche crapuleuse. [...] Demabuse peignait le portrait avec une vérité surprenante.

2. René Guise rapproche cette expression du passage d'*Albertus* de Gautier qui se moque « des montagnes de chair à la Rubens ».

Page 41.

1. Copier au trait est plus un terme de gravure que de dessin. On parle de gravure au trait pour désigner un travail où n'apparaissent que les contours des figures, sans indication de modelé.

2. En faisant du jeune Poussin le spectateur de la vaine tentative de Frenhofer, Balzac situe sa parabole aux origines de la grande École française. Alain Mérot définit ainsi la place qu'occupait Poussin au XIXe siècle :

> Dans la grande famille des artistes français, Poussin va désormais jouer le rôle du « chef » et du « père » [...]. Image en conformité avec le sévère *Autoportrait* du Louvre, mais fondamentalement ambivalente. L'intransigeance du peintre en fait à la fois une référence scolaire, absolue et contraignante, mais aussi le symbole de la force de caractère et de l'indépendance. Ainsi, en plein XIXe siècle, Ingres et Delacroix ont trouvé en lui ce qu'ils entendaient privilégier : d'une part, l'exemple à suivre en matière de composition et d'expression ; de l'autre, « l'un des novateurs les plus hardis » de l'histoire de la peinture, qui osa rompre avec un goût maniéré et exsangue (*op. cit.*, p. 10-11).

3. Ce parallèle entre la rage de peindre qui prend ici Frenhofer et « une amoureuse fantaisie » annonce le thème de l'échange qui va suivre. *Fantaisie* de même que le « qui discourait si follement » de la page 41 préludent, en demi-teinte encore, à la folie qui s'empare bientôt de l'artiste.

Page 42.

1. L'*O filii* est l'hymne de la Résurrection : pour la *Marie l'Égyptienne* de Porbus, c'est bien de cela qu'il s'agit. Balzac aime ce motet qu'il cite notamment dans *Le Lys dans la vallée*. On trouvera une étude musicale et balzacienne de cette hymne dans l'article d'Annie Prassoloff, « Cris, chuchotements, cloches et tric-trac : du son balzacien », dans *Balzac*, Le Lys

dans la vallée : « *cet orage de choses célestes* », Société des études romantiques, SEDES, 1993.

2. Le « drapé mouillé » des ateliers, plus aisé à prendre pour modèle qu'une simple étoffe.

3. Il semble que Balzac ait lu les articles de Gautier parus dans *La Presse* les 6 décembre 1836 — « Le jour pris d'en haut illumine les luisants satinés de son front » — et 10 mars 1837 — « Il y a les bitumes, les terres brûlées, les ocres roux pour réchauffer ces teintes glaciales... ». C'est plus un vocabulaire que Balzac emprunte ici à son ami que des idées sur la peinture et de tels rapprochements ne permettent en aucun cas de conclure que Gautier soit l'auteur véritable de la nouvelle, ou du moins de sa version de 1837 (les pages qui vont de : « Voilà qui n'est pas mal » jusqu'à « En se levant pour prendre un miroir, dans lequel il le regarda » étaient absentes de l'édition originale).

Page 43.

1. Le plus célèbre des élèves de Mabuse fut Lambert Lombard (1505-1566), dont on connaît des dessins, des estampes, des vitraux, mais à qui l'on n'attribue aujourd'hui aucune peinture de manière incontestée. Sans qu'ils soient ses élèves, Mabuse eut cependant une certaine influence sur Lucas de Leyde vers 1525 ainsi que sur Jan van Scorel et Jan Vermeyen.

2. Rare emploi de perler à la forme pronominale.

3. La parenté entre Frenhofer et les personnages d'Hoffmann est ici très nette.

Page 44.

1. Ultime correction de Balzac qui, jusqu'à la reprise dans *Le Provincial à Paris*, avait écrit : « ma Belle-Noiseuse ».

2. C'est la période troublée des débuts de la régence

de Marie de Médicis après l'assassinat de Henri IV en 1610.

3. Balzac sait — peut-être par l'article de Gence dans le volume de Michaud — que Poussin est né aux Andelys. Cet article est remarquable : il donne des extraits de la correspondance de Poussin avec Chanteloup, cite les *Entretiens* de Félibien (1666-1668), les *Vite* de Bellori (1672), mentionne en bibliographie Baldinucci (*Notice de'Professori del disegno*, 1728), Passeri (*Vite de' Pittori*, 1772), Roger de Piles, Charles Perrault (*Éloge des hommes illustres du XVIIᵉ siècle*, 1696), Fénelon (*Dialogue sur la peinture, à la suite de la vie de Mignard par Monville*), Dezallier d'Argenville, Papillon de La Ferté et l'ouvrage récent de Gault de Saint-Germain, *Vie du Poussin considéré comme chef de l'École française* (1806). Balzac put trouver dans Michaud une très ample documentation, à une époque où le néoclassicisme avait confirmé avec éclat la place de Poussin au premier rang des peintres, où Chateaubriand ambassadeur avait fait élever à sa mémoire un buste à San Lorenzo in Lucina, succédant à celui de Segla (1782), où le grand érudit Seroux d'Agincourt avait voulu que l'on gravât « *Pictori philosopho* », « au peintre philosophe ». Balzac ne se veut-il pas, dans ces années, un romancier philosophe ?

Page 45.

1. Allusion à la vie dissolue prêtée à Mabuse par ses biographes dont le volume de Michaud se fait l'écho.

2. Frenhofer veut donner à ce merveilleux *Adam* de son maître son pendant naturel, plus beau et plus difficile, une femme qui soit, symboliquement, une nouvelle Ève. Le véritable Mabuse a traité plusieurs fois le thème d'Adam et Ève (tableaux de Bruxelles,

Hampton Court, Berlin, dessins, à l'Albertina de Vienne notamment).

Page 46.

1. Giorgione, communément francisé alors en Giorgion comme Tiziano l'est demeuré en Titien, est déjà, pour les romantiques, un artiste mythique, surpassant Titien lui-même dans l'École vénitienne. Un artiste que Frenhofer dépasse pourtant. C'est peut-être la raison pour laquelle, immédiatement après, Balzac ne s'est pas résolu à donner un nom historique au « dieu de la peinture » qu'il a inventé.

2. Nul n'a percé, malgré de nombreuses hypothèses peu satisfaisantes, le mystère de ce nom à consonance germanique, sans doute pour évoquer l'univers hoffmannien, comme Balzac forge Walhenfer dans *L'Auberge rouge* (Frenhofer est en effet spirituellement parent du peintre Gottfried Berklinger dans *La Cour d'Artus*).

3. La contenance de la *pipe* (mesure de capacité) varie, selon Littré, de 420 à 710 litres.

4. L'essentiel de cette tirade date de 1837.

Page 48.

1. Delacroix écrit de même dans son *Journal* : « Ce fameux beau, que les uns voient dans la ligne serpentine, les autres dans la ligne droite, ils se sont tous obstinés à ne le jamais voir que dans les lignes... Je suis à ma fenêtre et je vois le plus beau paysage : l'idée d'une ligne ne me vient pas à l'esprit. » À la date du 15 juillet 1849, Delacroix a peut-être lu *Le Chef-d'œuvre inconnu*.

2. Les similitudes avec Rembrandt ou les dernières œuvres du Titien sont nettes (voir la Préface, p. 17).

Page 49.

1. Cette affirmation est au cœur des angoisses « philosophiques » de Balzac.

2. Comme lorsqu'il faisait référence à Prométhée, Balzac tient à placer son conte dans le champ mythique. Le thème de Pygmalion est fréquent en peinture. Pour ne citer qu'un artiste, le préféré du jeune Balzac, Girodet, fit un *Pygmalion amoureux de sa statue* (Salon de 1819). Francis Haskell écrit dans *De l'art et du goût jadis et naguère* (Gallimard, 1989, p. 117) :

> Ce tableau bizarre, où le nu artistique se transforme timidement en nudité, embarrasse de nos jours les admirateurs, même les plus enthousiastes, de Girodet. À l'époque, la plupart des critiques le saluèrent comme le plus grand chef-d'œuvre du XIXᵉ siècle, et Sommariva [le commanditaire] en fut si satisfait qu'il passa commande d'un tableau où il serait lui-même représenté dans l'atelier de Girodet, pendant que le peintre travaillerait à son *Pygmalion*.

3. *Son* esprit : le *daimôn* intérieur qui habite ce personnage qui ressemble à Socrate (p. 32).

4. Comme l'évocation de Venise fait pleurer Facino Cane.

Page 50.

1. Dans *L'Artiste*, on lisait : « Pour toutes ces singularités, l'idiome moderne n'a qu'un mot : *c'était indéfinissable !...* Admirable expression ! elle résume la littérature fantastique ; elle dit tout ce qui échappe aux perceptions bornées de notre esprit ; et, quand vous l'avez placée sous les yeux d'un lecteur, il est lancé dans l'espace imaginaire, alors le fantastique se trouve tout germé, il pointe comme une herbe verte

au sein de l'incompréhensible et de l'impuissance... »
Mais très vite, *Le Chef-d'œuvre inconnu* cesse d'être
pour son auteur essentiellement un « conte fantastique » (voir la Préface).

Page 51.

1. Orphée appartient à la mythologie romantique.
Les vers célèbres de Nerval (« El Desdichado », *Les
Chimères*) datent de 1854 :

> *Et j'ai deux fois vainqueur traversé l'Achéron*
> *Modulant tour à tour sur la lyre d'Orphée*
> *Les soupirs de la Sainte et les cris de la Fée.*

Poussin a peint un *Paysage avec Orphée et Eurydice*
(Louvre) que Balzac pouvait connaître.

Page 52.

1. Anecdote rapportée dans le volume de Michaud
qui reprend vraisemblablement Descamps (voir la
Préface, p. 13-14).

Page 53.

1. Selon l'article de Gence, qui recopie Gault de
Saint-Germain, Poussin était gentilhomme. On sait
aujourd'hui qu'il n'en était rien (voir Alain Mérot, *op.
cit.*, p. 18).

Page 56.

1. Dans *L'Artiste*, en 1831, Balzac avait écrit : « Il
ne verra pas la femme en toi, il verra la beauté. »
Curieuse variante que Jean-Claude Lebensztejn (voir
la Bibliographie) rapproche du « car cette femme n'est
pas une création, c'est une créature » de 1831, qui
devient, en 1837, « Cette femme n'est pas une créature, c'est une création » (p. 60). Il commente ainsi :
« Dans les deux cas, la correction qui renverse les

termes dit la même chose que la version première, d'une façon moins banale et plus forte, donnant à réfléchir sur la *nature* de la création humaine, au profit de laquelle s'estompe la création naturelle. »

2. Balzac a supprimé la phrase de *L'Artiste* : « Fils d'un gentilhomme, d'un soldat, il y avait une épée parmi ses pinceaux. »

Page 58.

1. Les *hypocondres* sont les parties latérales de l'abdomen situées sous les fausses côtes.

Page 59.

1. Le voyage en Grèce ou en Orient constitue le rêve des artistes romantiques.

Page 60.

1. Les artistes de l'époque s'inspirent de ces sujets. Parmi les œuvres les plus connues, il suffit de citer les tableaux d'Ingres, *Raphaël et la Fornarina* (1814, pour la version conservée au Fogg Art Museum de Cambridge aux États-Unis) et *Roger délivrant Angélique* (1819, Louvre).

Page 61.

1. Annonce du dénouement.

2. Le mythe faustien se lit en filigrane à travers toute la nouvelle. Delacroix avait illustré la traduction d'Albert Stapfer du *Faust* de Goethe (en 1827-1828, chez Motte, imprimeur lithographe) et certaines planches où l'on voit l'intérieur du cabinet de Faust évoquent de manière saisissante l'atelier de Frenhofer.

Page 62.

1. Systématiquement, Balzac supprime la mention de la Belle-Noiseuse ; ici, il avait même écrit « *Cathe-*

rine Lescault, une belle courtisane appelée *La Belle-Noiseuse* » (c'est-à-dire « querelleuse »). Le rêve de Frenhofer doit rester parfaitement pur et idéal.

Page 63.

1. Ce type de comparaison montre un Balzac qui ne se détache pas encore des romans qu'il écrivait, sous divers pseudonymes, avant 1830.

2. Exactement comme Frenhofer qui vient de proclamer : « Je suis plus amant encore que je ne suis peintre » (p. 60).

Page 64.

1. Poussin, pour la rassurer, lui avait dit : « Il ne pourra voir que la femme en toi » (p. 56).

Page 66.

1. La description se complétait ainsi dans les *Romans et contes philosophiques* de 1831 : « parmi des statues, des essais, des bustes, des mains, des squelettes et des morceaux d'étoffes, des armes, des meubles, curieux modèles ! » Mais Balzac a complété entre-temps sa description initiale, plus poussée, d'un atelier au XVIIᵉ siècle.

Page 67.

1. *Vieux lansquenet* : expression équivalente à « vieux reître », c'est-à-dire personne rusée et d'expérience.

Page 68.

1. C'était à une semblable traversée des épaisseurs que s'était livré Frenhofer pour comprendre la technique de Titien (p. 47).

Page 69.

1. Autre passage ajouté dans l'édition des *Romans et contes philosophiques* :

[...] relativement à la manière dont les Flamands et les Italiens traitent la lumière et le contour... En dessinant purement la ligne d'après les enseignements du Pérugin, j'ai légèrement dégradé la lumière par des demi-tons que j'ai longtemps étudiés, et au lieu d'emporter le dehors de la ligne, j'ai disposé des ombres dans la lumière. — Approchez !... Vous verrez mieux ce travail.

2. La fonction du *rehaut*, touche ajoutée à la surface picturale, est de faire ressortir un relief, donner du volume, créer un reflet, apporter de la lumière. On utilisait ainsi fréquemment les rehauts de blanc, dont l'abus était considéré comme une facilité.

3. C'est-à-dire réconcilier deux manières antinomiques qui, du début à la fin de la nouvelle, s'affrontent radicalement (voir la Préface, p. 16-17).

4. Le célèbre tableau *L'Inspiration du poète* de Poussin n'était pas encore au Louvre : il n'y entra qu'en 1911.

5. René Guise rapproche ce passage d'une phrase de Diderot (*Essais sur la peinture*), où ce dernier analyse que l'insatisfaction devant son œuvre pousse l'artiste à la détruire. Ce sentiment, « le portant en avant, le trompe sur ce qu'il peut, et lui fait gâter un chef-d'œuvre : il était, sans s'en douter, sur la dernière limite de l'art ». Parlant du dernier tableau achevé de Poussin, *L'Hiver ou le Déluge*, pour lui « le chef-d'œuvre du génie, et, l'on ose dire, de la peinture », Gence, dans l'article Poussin, déjà cité, de la *Biographie* Michaud, signale que la perfection est proche du « défaut » : « Si la touche un peu molle qu'on a remarquée dans *Le Déluge*, son dernier tableau, semble convenir à une nature noyée par les eaux ; ce qui alors pourrait être une beauté, serait, partout ailleurs, un défaut. Le tremblement de sa main se fait

sentir dans les derniers dessins de ce temps, dont le trait est mal assuré. »

Page 70.

1. *Maheustre* est l'équivalent de spadassin (de soldat de la gendarmerie royale à l'origine, le mot en était venu à désigner un assassin). Chez les ligueurs, on appelait « maheutres » les soldats protestants.

Bardache : synonyme de mignon.

2. Selon Gence, source principale de Balzac dans cette nouvelle (voir la note 3, p. 44), Poussin, à propos d'un tableau fait par un homme de qualité, disait « qu'il ne manquait à l'auteur que d'être moins riche pour devenir un bon peintre ». Balzac semble en effet donner habilement à Frenhofer bon nombre de traits du véritable Poussin âgé : comme si ce dernier avait tiré les leçons de sa mythique rencontre avec le Frenhofer du conte. Ainsi, le Poussin historique — toujours selon Gence qui ici reprend Bellori — ramassant une poignée de terre et disant « voilà la Rome ancienne » pense-t-il à son propre *Diogène* où il avait mis en scène l'« action du philosophe, qui fait sentir que, là où la nature est tout, l'art devient superflu » ? D'où ce « rien » de la peinture qui conclut le conte.

3. Ce sont là plus que des jurons. Frenhofer en appelle à la seule « incarnation » possible : celle de Dieu dans l'eucharistie. Mystère avec lequel, comme un Prométhée chrétien, il a voulu rivaliser.

Page 71.

1. La nouvelle, en 1831, se terminait sur ces mots. Balzac, après les transformations de 1837, préfère conclure avec la mort de l'artiste et la destruction de ses œuvres.

2. La parenté de Frenhofer avec maître Cornélius est évidente ici.

3. Une mort bien différente de celle, édifiante, de Poussin telle que la peignit François-Marius Granet dans son tableau *Le Poussin, avant d'expirer, reçoit les soins du cardinal Massimo et les secours de la religion*, Salon de 1834, Aix-en-Provence, musée Granet.

LE CHEF-D'ŒUVRE INCONNU

DOSSIER

DU MÊME AUTEUR

Dans la même collection

autres études de femme. *Préface de Jean Roudaut. Édition établie par Samuel S. de Sacy.*

MÉMOIRES DE DEUX JEUNES MARIÉES. *Préface de Bernard Pingaud. Édition établie par Samuel S. de Sacy.*

URSULE MIROUËT. *Édition présentée et établie par Madeleine Ambrière-Fargeaud.*

MODESTE MIGNON. *Édition présentée et établie par Anne-Marie Meininger.*

LA MAISON DU CHAT-QUI-PELOTE, suivi de LE BAL DE SCEAUX, LA VENDETTA, LA BOURSE. *Préface d'Hubert Juin. Édition établie par Samuel S. de Sacy.*

LA MUSE DU DÉPARTEMENT, suivi de UN PRINCE DE LA BOHÈME. *Édition présentée et établie par Patrick Berthier.*

LES EMPLOYÉS. *Édition présentée et établie par Anne-Marie Meininger.*

PHYSIOLOGIE DU MARIAGE. *Édition présentée et établie par Samuel S. de Sacy.*

LA MAISON NUCINGEN précédé de MELMOTH RÉCONCILIÉ. *Édition présentée et établie par Anne-Marie Meininger.*

SARRASINE, GAMBARA, MASSIMILLA DONI. *Édition présentée et établie par Pierre Brunel.*

LE CABINET DES ANTIQUES. *Édition présentée et établie par Nadine Satiat.*

UN DÉBUT DANS LA VIE. *Préface de Gérard Macé. Édition établie par Pierre Barbéris.*

LE CHEF-D'ŒUVRE INCONNU et autres nouvelles (L'ÉLIXIR DE LONGUE VIE, L'AUBERGE ROUGE, MAÎTRE CORNÉLIUS, UN DRAME AU BORD DE LA MER, FACINO CANE, PIERRE GRASSOU). *Édition présentée et établie par Adrien Goetz.*

Composition Nord Compo
Impression Novoprint
à Barcelone, le 25 mai 2015
Dépôt légal : mai 2015
1ᵉʳ dépôt légal dans la collection : novembre 2014

ISBN 978-2-07-046284-1./ Imprimé en Espagne.